LoRaWAN
para todos

Edgar Landívar

LoRaWAN para todos

© 2024, Edgar Landívar Chávez
@elandivar

Todos los derechos reservados. Ninguna parte de esta publicación puede ser reproducida, distribuida o transmitida en cualquier forma o por cualquier medio, incluyendo fotocopiado, grabación, o cualquier otro sistema de almacenamiento y recuperación de información, sin el permiso previo por escrito del editor, excepto en el caso de breves citas en reseñas críticas o artículos.

Primera edición

ISBN: 9798323512041

Diseño y diagramación: Michael Gonçalves
Coordinador Editorial: Paul Estrella

La información proporcionada en este libro se considera verdadera y correcta en el momento de su publicación, pero ni el autor ni el editor garantizan su exactitud o integridad. Las opiniones expresadas son las del autor y no necesariamente reflejan las de la editorial.

Publicado por
Editorial H.a.C.
Guayaquil, Ecuador

Índice

Introducción — 1
    Diferencia entre LoRa y LoRaWAN — 2
    ¿Qué tan importante es el bajo consumo de energía? — 3
    Comparativa con otras tecnologías — 4

Fundamentos de comunicación inalámbrica — 5

  2.1 Ondas electromagnéticas — 5
    En Telecomunicaciones — 7
    En Internet de las Cosas (IoT) — 8

  2.2 Líneas de transmisión — 9

  2.3 Antenas — 9
    Tipos de antenas usadas en LoRaWAN — 10
    Características a tener en cuenta — 13
    Dipolo de media onda — 13
    Parámetros a medir en una antena — 15
    Acoplamiento de impedancias — 17

  2.4 Ganancia — 18

  2.5 Construcción de una antena dipolo LoRaWAN — 19
    Materiales Necesarios — 19
    Cálculos Previos — 19

  2.6 Link budget — 22

  2.7 Polarización — 25

  2.8 Herramientas útiles — 26
    NanoVNA — 27
    Hardware de SDR — 28
    Software de SDR — 29

  2.9 Modulación — 31
    Tipos de modulación comunes — 31

Modulación LoRa — 35

3.1 Símbolos — 37
3.2 Preámbulo — 38
3.3 Escalones y chips — 40
3.4 Spreading Factor — 41
- Impacto del Spreading Factor — 41
- Cómo Funciona el Spreading Factor — 42
- Pros y contras del SF — 43

3.5 Code Rate — 44
- Impacto en la Comunicación — 44

3.6 Más acerca de los símbolos — 45
3.7 Simulando el desempeño de LoRa — 48
3.8 ¿Es posible usar LoRa sin LoRaWAN? — 51
3.9 Caso de estudio: Meshtastic — 52
- Preparando un dispositivo con Meshtastic — 54

LoRaWAN — 57

4.1 Características de LoRaWAN — 57
- Características principales — 58
- Características adicionales. — 58

4.2 La organización LoRa-Alliance — 59
- Componentes de la Red LoRaWAN — 60
- Dirección del flujo de datos — 62

4.4 Gateways — 62
- Características Principales — 63
- Componentes internos — 64

4.5 Network Server — 65
4.6 Join Server — 67
4.7 Regulaciones Regionales — 69
- Principales Regiones y sus Especificaciones — 70

4.8 Sub-bandas y canales 71
    Sub-bandas 72
    Canales 72

4.9 Clases en nodos 73
    Clase A: Dispositivos Bidireccionales Básicos 73
    Clase B: Dispositivos con Ventanas de Recepción Programadas . . 74
    Clase C: Dispositivos de Recepción Continua 75

4.10 Estructura de un paquete LoRaWAN 78
    MAC Payload 78
    MAC Header (MHDR) 80
    Frame Header (FHDR) 80

4.11 Data Rate 81

4.12 Ciclo de trabajo 83

4.13 Mecanismos de activación 84
    Activación por Personalización (ABP) 85
    Activación por Aire (OTAA) 86

4.14 Proceso de activación OTAA 87
    Parámetros Requeridos en el nodo 87
    Proceso de Activación OTAA 88
    Características de Seguridad 90

4.15 Potencia de transmisión del nodo 90
    Ajuste de potencia en ADR 91

Características avanzadas de LoRaWAN 93

5.1 Metadata disponible en el Network Server 93

5.2 FUOTA 97
    Aspectos Clave de FUOTA en LoRaWAN 98
    Procedimiento resumido 100

5.3 Roaming 103
    Estándares de Roaming en LoRaWAN 103
    Roaming Pasivo 103
    Roaming Activo 104
    Consideraciones para el Roaming 104

5.4 Geolocalización	105
5.5 LoRaWAN Relay	106

LoRaWAN en la práctica — 109

6.1 Redes públicas	109
The Things Network (TTN):	110
IoTodos	111
6.2 Construyendo un gateway LoRaWAN	112
Componentes necesarios	112
Preparación del hardware	113
Configuración del Software	114
Configuración de Red	115
Registro del Gateway	115
Pruebas y Uso	115
6.3 Instalando un Network Server	116
Instalación de Chirpstack	117

Tecnologías y herramientas del lado de la aplicación — 125

7.1 MQTT	126
Tópicos	127
Características de los Tópicos en MQTT:	127
Intercambio de Mensajes en MQTT	129
Clientes MQTT	130
7.2 Agente Recolector (Python)	131
7.3 Base de datos de series de tiempo (InfluxDB)	131
Otras alternativas a InfluxDB	133
7.4 GUI de visualización (Grafana)	135

Casos de Uso — 137

8.1 Parqueo inteligente	137
8.2 Agricultura/acuicultura de precisión	139
8.3 Calidad de aire	141
8.4 Smart Buildings	142

Chips y módulos — 145

- 9.1 Chips LoRa/LoRAWAN — 145
  - Tipos de chips LoRa — 146
  - Chips propios de Semtech — 147
  - Chips de otros fabricantes — 148
- 9.2 Módulos de RF LoRa — 149
  - Radiografía de un módulo LoRaWAN — 152
- 9.3 Módulos concentradores — 155

Experimentando con nodos LoRaWAN — 157

- 10.1 Consumo de energía de tracker — 158
  - Características del LR1110 — 160
- 10.2 Consumo de energía NUCLEO-WL55JC1 — 164
- 10.3 Consumo de energía LoRa-E5 Dev Board — 168
- 10.4 Consumo de energía Heltec LoRa 32 (v3) — 174

Prefacio

Hace ya varios años comencé a caminar en el mundo del IoT. Había dejado detrás, con mucho pesar, el negocio de la VoIP y me encontraba atareado con la idea de empezar algo nuevo relacionado con tecnología.

A estas alturas ya tenía algunos gadgets en mi casa que controlaban remotamente algunas cosas, como el riego, las luces, las cámaras, ya saben, algo de domótica. Me entretuve bastante con eso hasta que me di cuenta que la calidad del hardware disponible en el mercado no era la mejor. Allá por 2016, las tarjetas Arduino (por poner un ejemplo) eran consideradas juguetes para hobbistas. Sin duda, había una oportunidad.

Así fue que se me metió entre ceja y ceja la idea de desarrollar un hardware nuevo, que tuviera calidad industrial y pudiera desplegarse sin problemas en la industria y ambientes rigurosos como el campo y mar abierto. En 2020 comencé el proyecto Yubox, una compañía, basada en Ecuador, que diseña y construye hardware y desarrolla software relacionado con IoT.

Pero el inicio fue difícil. En Enero de 2020, cierto día, festejábamos con emoción la obtención de un reconocimiento a nuestra propuesta de productos en la feria IoT Evolution, llevada a cabo en Florida, USA: El mejor producto de la expo. Estábamos contentos, con la sensación de haber logrado algo importante; pero el festejo duró poco, al día siguiente la pandemia del covid 19 se hacía oficial y nos tuvimos que refugiar en casa. El primer entrenamiento de Yubox en Guayaquil se cancelaba, así como otros proyectos a la vista.

PREFACIO

Pero desde casa continuamos trabajando y en el camino tuve más tiempo de experimentar con LoRaWAN. El tiempo que duró la virtualidad sirvió para lograr diseñar nuestro primer gateway con tecnología LoRa y a partir de allí, LoRaWAN se convirtió en nuestro "caballo de batalla".

Con el afán de enseñar a los usuarios acerca de esta innovadora tecnología, cada año doy una sesión de entrenamiento llamada LoRaWAN Masterclass. Este libro nació como material de estudio básico para estas sesiones de entrenamiento, con la particularidad de que he removido de esta obra toda la complejidad matemática de ciertos tópicos (como el de modulación LoRa), con el objetivo de poner a disposición los conocimientos de la manera más sencilla y sin complicaciones, la mayoría de veces innecesarias en la práctica. También he removido detalles de los mecanismos de activación de nodos LoRaWAN y ciertos aspectos complejos, con el afán de cumplir con el objetivo anterior.

Esta obra será un trabajo en progreso siempre, a medida que la tecnología evolucione y LoRaWAN actualice continuamente su estándar.

Espero que esta obra sea de vuestro agrado y como siempre "el afán es compartir".

– Edgar Landívar
Email: elandivar@yubox.com
Twitter: @elandivar

Capítulo 1
Introducción

LoRaWAN emerge en el panorama tecnológico como una solución innovadora para la comunicación inalámbrica de largo alcance y bajo consumo. Esta tecnología, que se apoya en la modulación LoRa, permite a dispositivos conectados transmitir datos a través de grandes distancias, manteniendo un consumo energético mínimo, lo cual la convierte en un pilar para el desarrollo del Internet de las Cosas (IoT).

El origen de LoRaWAN se remonta a la incesante búsqueda de tecnologías que faciliten la comunicación en áreas extensas sin requerir de una gran infraestructura o elevado consumo energético. Además, gracias a su capacidad de operar en las bandas de frecuencia ISM –disponibles globalmente sin licencia, proporciona una plataforma accesible para el despliegue de redes IoT.

INTRODUCCIÓN

Las redes LPWAN (Low-Power Wide-Area Networks) en general y LoRaWAN en particular, surgen por la necesidad de poder desplegar miles de dispositivos a batería, que puedan funcionar de manera autónoma por largos periodos de tiempo, mientras transmiten, de manera confiable, datos útiles. Imagínense instalar sensores de temperatura en una gran plantación de mil hectáreas y tenerle que decir al dueño de la plantación que tendrá que cablear con energía eléctrica toda su plantación para que los sensores funcionen adecuadamente. En la práctica, esto no es efectivo.

La arquitectura de LoRaWAN está diseñada para soportar una red de dispositivos distribuidos, los cuales pueden comunicarse con uno o varios gateways que reenvían los datos a un servidor central. Esta estructura facilita la implementación de aplicaciones en sectores tan diversos como la agricultura inteligente, donde se utilizan sensores para optimizar el uso de recursos, hasta la gestión urbana o ciudades inteligentes, donde facilita la monitorización de infraestructuras y servicios.

Diferencia entre LoRa y LoRaWAN

Probablemente una de las preguntas más comunes que recibo en las jornadas de entrenamiento LoRaWAN es acerca de la diferencia entre LoRa y LoRaWAN, por lo que será una de las primeras cosas que trataré de explicar antes de continuar este recorrido.

LoRa es una tecnología de modulación para la transmisión inalámbrica de datos a larga distancia, mientras que LoRaWAN es un estándar que define las comunicaciones utilizando la tecnología LoRa.

LoRa es una tecnología patentada por la compañía Semtech, mientras que LoRaWAN es un estándar abierto, que define una forma de comunicarse, enfocándose en aspectos como la estructuración de la red, la gestión de dispositivos y la seguridad.

¿Qué tan importante es el bajo consumo de energía?

En general resulta lógico querer que un dispositivo o producto consuma poca energía, pero hay muchos escenarios donde es crítico, por no decir obligatorio. Ilustraremos mejor con un ejemplo en breve.

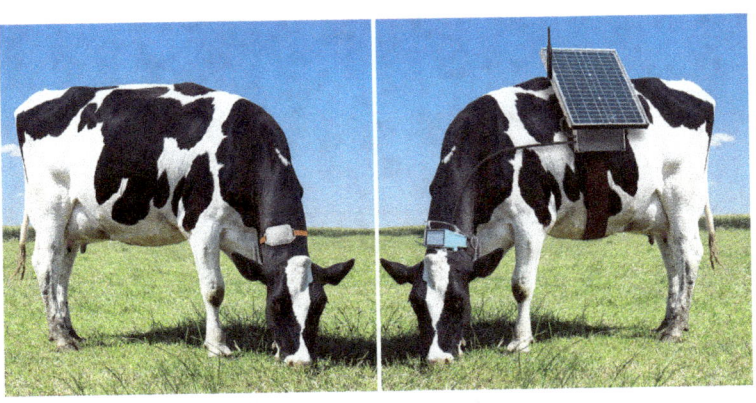

Figura 1.1: CON y SIN LoRaWAN

INTRODUCCIÓN

Comparativa con otras tecnologías

Si bien LoRaWAN no puede competir en igualdad de condiciones cuando se lo mide en términos de la velocidad de transmisión de datos, pues sus velocidades están en torno a sólo unos pocos bits por segundo; cuando se lo compara en términos de autonomía energética (duración de batería) y alcance, es prácticamente imbatible. A continuación una gráfica comparativa con otras tecnologías. Mientras más a la derecha y arriba se encuentre una tecnología, es mejor.

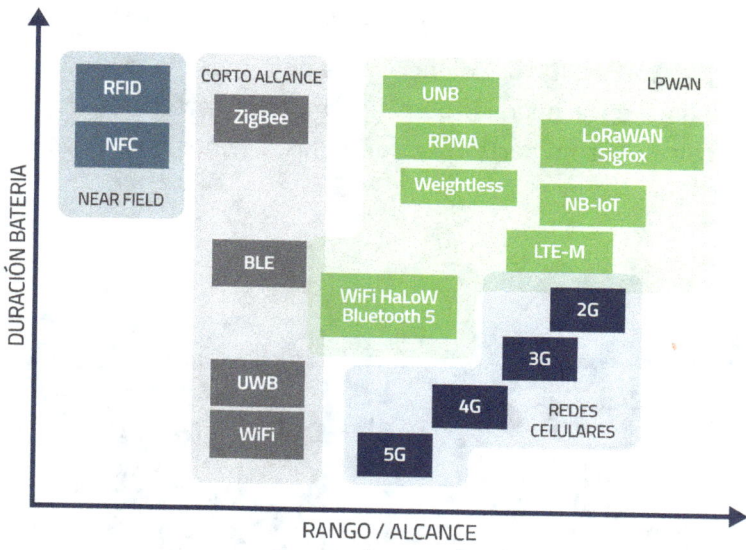

Figura 1.2: Comparativa autonomía vs. alcance

Es por lo anterior que ha ganado popularidad en el ámbito del IoT, donde precisamente se buscan estas dos características.

Capítulo 2
Fundamentos de comunicación inalámbrica

La comunicación inalámbrica ha revolucionado la forma en que nos conectamos y compartimos información en la era digital. En el ámbito del IoT es fundamental, pues conectar mediante cables cientos, miles o decenas de miles de dispositivos no es ni práctico ni económicamente viable.

2.1 Ondas electromagnéticas

Las ondas electromagnéticas son un tipo de onda invisible que se propaga a través del vacío o de un medio material, transportando energía electromagnética. Estas ondas se caracterizan por la oscilación combinada de campos eléctricos y magnéticos perpendiculares entre sí y respecto a la dirección de propagación de la onda.

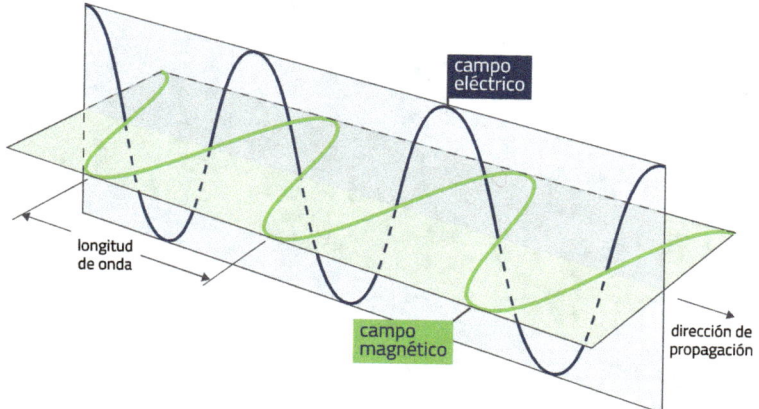

Figura 2.1: Representación de campo electromagnético

Las ondas electromagnéticas se rigen por las ecuaciones de Maxwell, que describen cómo los campos eléctricos y magnéticos se generan y alteran entre sí y por las cargas y corrientes. La velocidad de estas ondas en el vacío es una constante fundamental de la naturaleza, aproximadamente 299,792 kilómetros por segundo, que es la velocidad de la luz en el vacío. Para propósitos prácticos, en la presente obra redondeamos este valor a 300,000 km/s.

Este tipo de ondas oscila en un aplísimo rango de frecuencias que se denomina espectro electromagnético. El espectro electromagnético es un término que se utiliza para describir la gama completa de todas las posibles frecuencias de radiación electromagnética, desde las ondas de radio de baja frecuencia, pasando por los microondas, el infrarrojo, la luz visible, los ultravioletas, los rayos X, hasta los rayos gamma de alta frecuencia.

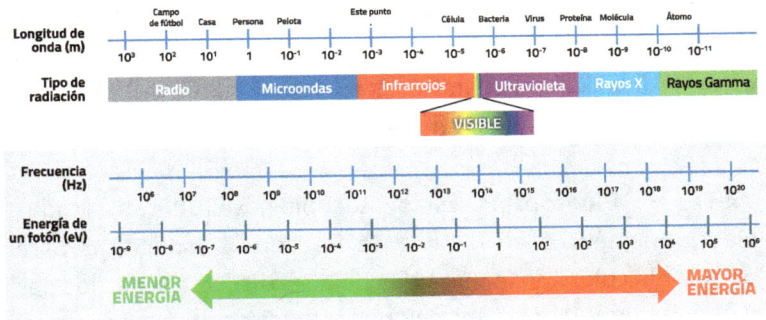

Figura 2.2: Espectro electromagnético

Las ondas electromagnéticas juegan un papel crucial en las telecomunicaciones y el Internet de las Cosas (IoT) al servir como medio para transmitir información a través de largas distancias sin necesidad de cables físicos. Aquí hay algunas formas específicas en que estas ondas son fundamentales para estos campos:

En Telecomunicaciones

Las ondas electromagnéticas permiten la transmisión inalámbrica de datos en forma de señales de radio, televisión, Internet móvil, y telefonía. Esto incluye todo, desde llamadas de voz hasta transmisión de video en alta definición.

Redes Celulares: En la telefonía móvil, las ondas electromagnéticas se utilizan para conectar dispositivos móviles con las torres de telefonía celular, permitiendo la comunicación de voz y datos sobre redes 3G, 4G, LTE y 5G.

FUNDAMENTOS DE COMUNICACIÓN INALÁMBRICA

Satélites: Los satélites utilizan ondas electromagnéticas para comunicarse con estaciones terrestres, permitiendo servicios como la televisión satelital, la telefonía satelital y el acceso a Internet en ubicaciones remotas.

Wi-Fi y Bluetooth: Estas tecnologías utilizan ondas electromagnéticas en bandas de frecuencia específicas para permitir la conexión inalámbrica de dispositivos a redes locales (LAN) y para la comunicación entre dispositivos cercanos, respectivamente.

En Internet de las Cosas (IoT)

Los dispositivos IoT dependen de las ondas electromagnéticas para conectarse a Internet y comunicarse entre sí. Esto permite que objetos cotidianos, desde electrodomésticos hasta sistemas de iluminación y sensores ambientales, se conecten a la red y compartan datos.

Redes de Área Amplia de Baja Potencia (LPWAN): Tecnologías como LoRaWAN y Sigfox utilizan ondas electromagnéticas para proporcionar conectividad a larga distancia con bajo consumo de energía, ideal para dispositivos IoT que necesitan enviar pequeñas cantidades de datos durante largos períodos.

RFID y NFC: La Identificación por Radiofrecuencia (RFID) y la Comunicación de Campo Cercano (NFC) son tecnologías que utilizan ondas electromagnéticas para la identificación y el intercambio de datos entre dispositivos a corta distancia, útiles en aplicaciones como el seguimiento de inventario y los sistemas de pago sin contacto.

2.2 Líneas de transmisión

Una línea de transmisión es un sistema utilizado para transmitir energía electromagnética desde un lugar a otro. Poniéndolo simple, es el cable que lleva la señal desde nuestro dispositivo hasta la antena. Este cable, no es cualquier cable, sino que tiene que tener unas características especiales que describiré más adelante.

Las líneas de transmisión son fundamentales en la ingeniería de RF (radiofrecuencia) y microondas, y se utilizan para conectar diferentes componentes en dispositivos electrónicos, como la conexión entre un transmisor o receptor y su antena, así como en sistemas de comunicación más amplios.

2.3 Antenas

En el contexto de LoRaWAN, las antenas desempeñan un papel fundamental en la habilitación de comunicaciones inalámbricas de largo alcance y bajo consumo energético. Es un componente clave y extremadamente importante, que suele replegarse a un segundo plano. Aquí estudiaremos cómo elegir la antena adecuada en base a la medición de sus parámetros más importantes.

Tipos de antenas usadas en LoRaWAN

Antenas Dipolo

Ampliamente usadas en dispositivos finales debido a su simplicidad, eficiencia y tamaño compacto. Consisten en dos elementos conductores de igual longitud, orientados en línea con el transmisor. Son un tipo de antena omnidireccional y ofrecen un compromiso razonable entre rendimiento y tamaño.

Son fáciles de fabricar y su funcionamiento se puede entender de manera relativamente fácil, por lo que se utilizan también con fines didácticos. En este libro nos centraremos en un tipo especial de antena dipolo y en breve enseñaremos a construir una antena dipolo bastante efectiva para LoRa.

Antenas de Varilla o Monopolo

Las antenas de varilla, también conocidas como antenas monopolo, consisten en un único elemento conductor vertical montado sobre algún tipo de plano de tierra, que podría ser una superficie metálica o incluso el propio chasis del dispositivo. Son esencialmente una versión de media longitud de un dipolo, con el plano de tierra actuando como el espejo del elemento faltante.

Son comunes en aplicaciones donde la antena necesita ser compacta y menos propensa a daños o interferencias, como en dispositivos IoT montados en exteriores.

Antenas de Panel o Patch

Frecuentemente utilizadas en puertas de enlace LoRaWAN para proporcionar una cobertura direccional moderada. Ofrecen una ganancia más alta que las antenas omnidireccionales y tienen un patrón de radiación más plano, lo que las hace adecuadas para montaje en paredes o en el lado de estructuras para cubrir áreas específicas.

Compactas y con un perfil bajo, lo que las hace menos obtrusivas para la instalación en entornos urbanos o en oficinas.

Antenas Yagi-Uda

Utilizadas en algunas puertas de enlace para mejorar la dirección y ganancia de la señal, ideal para aplicaciones que requieren una cobertura dirigida a larga distancia.

Consisten en un arreglo de elementos paralelos, incluyendo un dipolo (elemento activo) y varios directores y reflectores pasivos, que ayudan a enfocar la energía en una dirección particular.

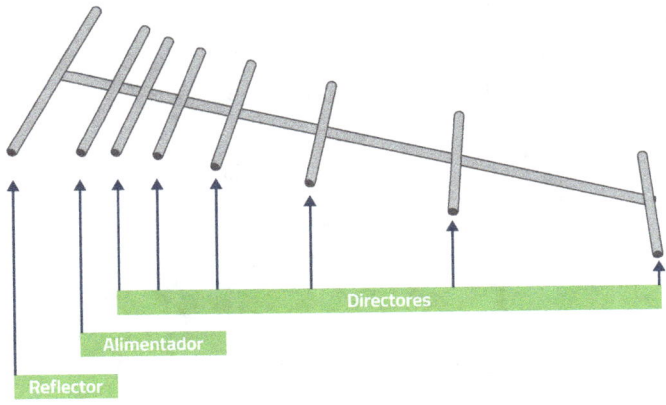

Figura 2.3: Antena Yagi

Las antenas Yagi son muy efectivas para aumentar el alcance en una dirección específica, lo que las hace útiles en entornos rurales o en aplicaciones que requieren comunicación punto a punto con elevada ganancia, como es el caso de satélites, que, dicho sea de paso, los satélites de bajo coste de órbita baja están acogiendo con agrado la modulación LoRa para sus transmisiones.

Antena Helicoidal

También llamadas antenas hélice o helix, son un tipo de antena especialmente populares en aplicaciones donde se requiere polarización circular, como en comunicaciones por satélite, radioastronomía y actualmente LoRaWAN.

Debido a su diseño relativamente simple y su cómodo tamaño, actualmente las podemos encontrar en varias placas para hobbistas con soporte para comunicaciones LoRa.

Figura 2.4: Pequeña antena Helix en placa Haltec Lora 32

Características a tener en cuenta

Ganancia: Es una medida de cuán efectivamente una antena puede dirigir o concentrar la energía en una dirección particular en comparación con una antena isotrópica (una antena teórica que irradia uniformemente en todas las direcciones).

Polarización: Se refiere a la orientación del campo eléctrico de la onda electromagnética radiada. Las antenas pueden tener polarización lineal (horizontal o vertical), circular o elíptica.

Ancho de banda: Es el rango de frecuencias sobre el cual la antena puede operar de manera efectiva, transmitiendo o recibiendo señales con una eficiencia aceptable.

Diagrama de radiación: Es una representación gráfica de la distribución espacial de la radiación emitida o recibida por una antena, mostrando cómo la intensidad de la señal varía con la dirección.

Dipolo de media onda

Un dipolo de media onda es un tipo de antena dipolo cuya longitud total es igual a la mitad de la longitud de onda ($\lambda/2$) de la frecuencia para la cual está diseñada. Es uno de los tipos de antenas más simples y más ampliamente utilizados, especialmente en las aplicaciones de radiofrecuencia (RF).

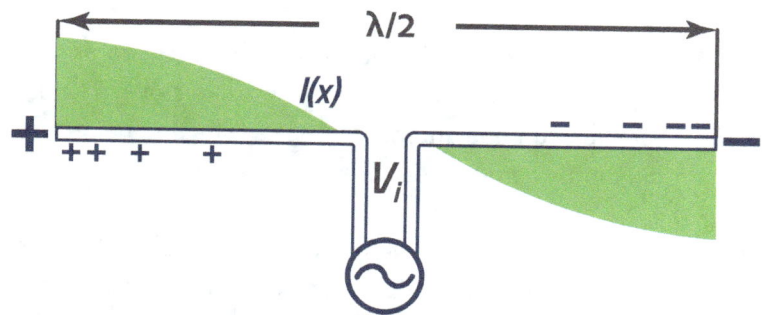

Figura 2.5: Dipolo de media onda

A su frecuencia de diseño, un dipolo de media onda es resonante, lo que significa que su impedancia de entrada presenta una parte real (resistiva) y una parte imaginaria (reactiva) mínima o nula. Esto facilita la transferencia eficiente de energía entre la antena y la línea de transmisión o transmisor.

La impedancia característica de un dipolo de media onda en el aire o en el vacío es de aproximadamente 73 ohmios en el centro de la banda, lo que es relativamente cercano a la impedancia estándar de 50 o 75 ohmios de muchas líneas de transmisión, facilitando así la adaptación de impedancias.

El patrón de radiación de un dipolo de media onda es omnidireccional en el plano perpendicular al dipolo (plano H) y tiene la forma de un "donut". En el plano del dipolo (plano E), el patrón es bidireccional, con máximos de radiación en direcciones opuestas a lo largo del eje del dipolo.

Aunque un dipolo de media onda no tiene una ganancia elevada en comparación con otros tipos de antenas más complejas, su simplicidad y eficacia lo hacen muy popular. La ganancia de un dipolo de media onda libre en el espacio suele ser de alrededor de 2,15 dBi (decibelios sobre isotrópica).

Parámetros a medir en una antena

Para propósitos prácticos, en este libro nos centraremos en la medición del ROE (Relación de Onda Estacionaria) como único parámetro. Explicaremos además otros parámetros relacionados, pero la recomendación básica se centrará en medir el ROE de una antena para la frecuencia de operación.

Relación de Onda Estacionaria (ROE): Es una medida para describir la eficiencia con la que una línea de transmisión o un sistema de antena conduce las ondas de radio desde una fuente a su carga (usualmente una antena). Específicamente, el ROE (también llamado SWR, por sus siglas en inglés) indica la relación entre la amplitud de la onda estacionaria máxima y mínima a lo largo de la línea de transmisión. La fórmula para calcular el ROE (o SWR) es la siguiente:

$$\text{SWR} = \frac{1+|\Gamma|}{1-|\Gamma|}$$

Aquí, la letra griega gamma Γ, representa el índice de reflexión.

Impedancia de la antena: La impedancia de una antena es un parámetro crucial que afecta el rendimiento, la eficiencia y el ancho de banda de la antena. Depende de sus características físicas y usualmente se denota con el símbolo Z_L.

Impedancia de la línea de transmisión: Al igual que la impedancia de una antena, la impedancia de la línea de transmisión depende de sus características físicas del conductor, aspectos geométricos del mismo, así como el material que los separa. No hay que confundir este parámetro con una impedancia de un componente electrónico como una bobina. En este caso, la impedancia de una línea de transmisión tiene que ver más con su comportamiento para el caso de una onda electromagnética que corre libremente por este medio físico (cable) a la velocidad de la luz. Usualmente se denota con el símbolo Z_0.

El índice de reflexión: Es una medida que describe cuánta potencia de una onda electromagnética incidente se refleja de vuelta cuando encuentra un cambio de medio o una discontinuidad en la línea de transmisión o en la interfaz entre dos medios. Se representa comúnmente con la letra griega Γ(Gamma). Su fórmula es la siguiente:

$$\Gamma = \frac{Z_L - Z_0}{Z_L + Z_0}$$

Acoplamiento de impedancias

Para que la transmisión de energía sea óptima hacia la antena, la impedancia de la línea de transmisión (Z_0) y la impedancia de la antena (Z_L), deben ser iguales. El acoplamiento de impedancias es un concepto clave para maximizar la transferencia de potencia y minimizar las reflexiones de señal. En muchas ocasiones, la mala elección de un cable adecuado (línea de transmisión) en nuestro sistema LoRaWAN puede significar una reducción significativa en el alcance en kilómetros de nuestra señal.

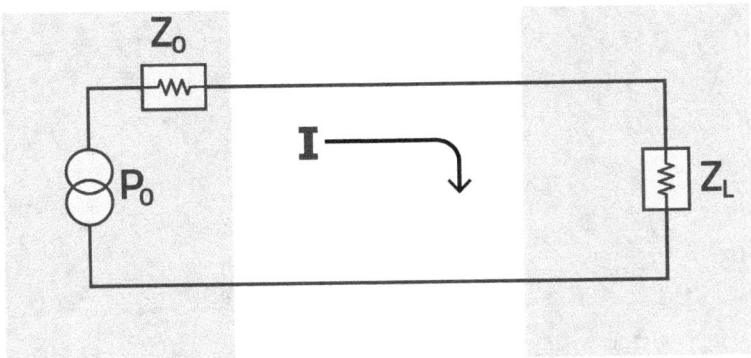

Figura 2.6: Representación simplificada de impedancia de carga y de línea de transmisión

2.4 Ganancia

La ganancia de una antena describe su capacidad para dirigir o concentrar la energía de radiofrecuencia (RF) en una dirección particular, mejorando así la eficiencia de la transmisión y recepción de señales. Se expresa comúnmente en decibelios.

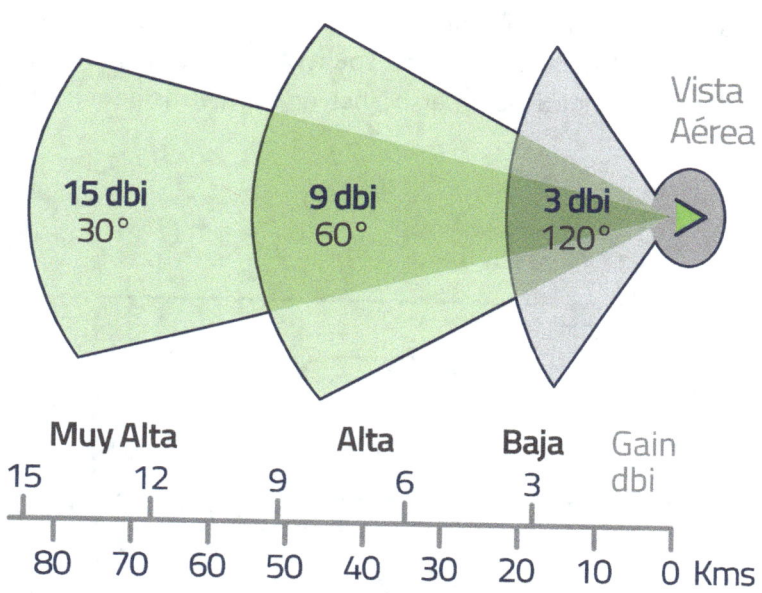

Figura 2.7: Ganancia de una antena depende de su direccionalidad

2.5 Construcción de una antena dipolo LoRaWAN

Construir una antena dipolo para LoRaWAN implica un proceso relativamente sencillo. La siguiente es una guía básica para construir una antena dipolo sintonizada para la frecuencia específica que uses en tu red LoRaWAN (como 868 MHz en Europa o 915 MHz en América del Norte). Aquí mostraré el caso de la banda AU915, pues es la que se utiliza en Ecuador, pero el procedimiento funciona también para otras bandas, sólo cambiando la longitud del cable.

Materiales Necesarios

- Cable de cobre o aluminio, de preferencia de más de 2 mm de diámetro.
- Conector RF adecuado (por ejemplo, SMA, U.FL, etc.).
- Herramientas: cortadores de alambre, soldador, cinta métrica, alicates.

Cálculos Previos

Calcular la Longitud del Dipolo: Primero, se necesita calcular la longitud total de la antena dipolo. La longitud de un dipolo es aproximadamente igual a la mitad de la longitud de onda ($\lambda/2$) de la frecuencia a la que se desea operar la antena. En caso de

AU915 las frecuencias van desde los 915 MHz a los 928 MHz por lo que tomaremos como referencia el promedio entre ellas, lo que nos deja con 921.5 MHz. Como vimos antes, la longitud de onda (λ) se calcula como:

$$\lambda = \frac{c}{f}$$

La longitud de onda resultante de aplicar la fórmula anterior para 921.5 MHz es de aproximadamente 32.6 cm.

Entonces, nuestro dipolo de media onda debe de medir la mitad de esos 32.6 cm, es decir 16.8 cm.

Ahora ya tenemos la longitud total de la antena, pero hay que recordar que un dipolo contiene dos segmentos de alambre, por lo que esos 16.8 cm hay que dividirlos nuevamente para 2, para obtener la longitud de cada segmento. Es decir que cada segmento medirá en realidad 8.4 cm.

Nota: He explicado un procedimiento sencillo con el que se conseguirá una antena bastante buena. Sin embargo, si el lector se quiere complicar algo más, le adelanto que es posible que se necesite ajustar esta longitud en función del "factor de velocidad" del material de tu antena, pero para la mayoría de los propósitos caseros, este ajuste puede ser mínimo. Invito al lector a investigar más al respecto.

Hay que tener presente que los segmentos necesitan colocarse alineados el uno con el otro de tal manera que ambos formen una suerte de línea recta, como se aprecia en la fotografía siguiente.

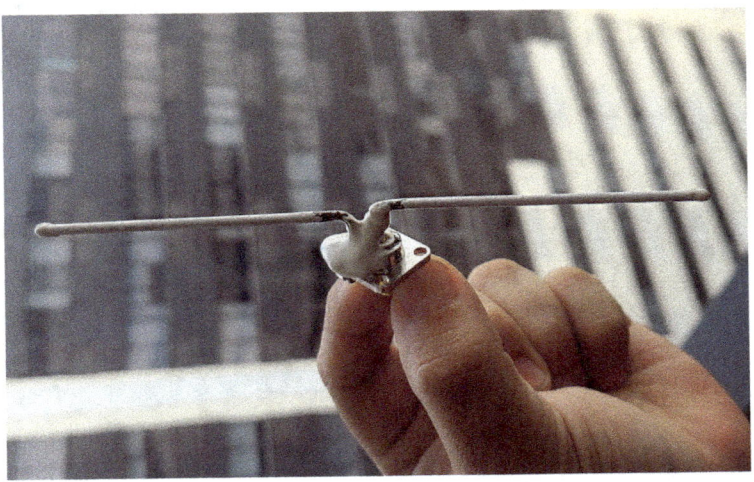

Figura 2.8: Antena dipolo para LoRaWAN, construida artesanalmente

En la fotografía se puede observar que he dejado una longitud extra de aproximadamente 1 cm para unir estos segmentos con el conector RF, que sirve a su vez de base para la antena. Por lo tanto, dejando este centímetro extra, he cortado los alambres a la longitud de 9.6 cm.

Al final he colocado un poco de epoxy para darle mayor firmeza a la antena.

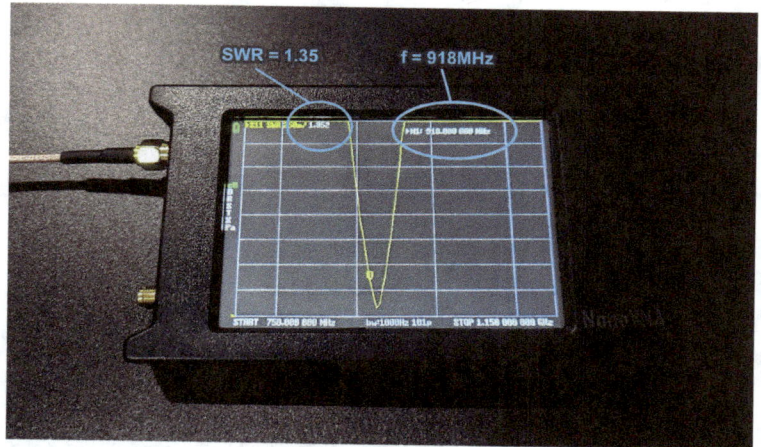

Figura 2.9: Medición de SWR para la antena construida

2.6 Link budget

El "Link Budget" (presupuesto de enlace) en telecomunicaciones, incluido el contexto de LoRaWAN y otras tecnologías inalámbricas, es un cálculo que evalúa el rendimiento y la calidad de un enlace de comunicación inalámbrica. Este cálculo toma en cuenta todas las ganancias y pérdidas desde el transmisor hasta el receptor, a través del medio por el cual se propaga la señal. El objetivo del link budget es determinar la potencia de la señal recibida y asegurar que sea suficiente para una comunicación fiable dadas las condiciones operativas previstas.

El link budget se calcula sumando todas las ganancias y restando todas las pérdidas:

$$Link\ Budget = PTx + GTx + GRx - Ls - Lp + (otros\ factores)$$

El resultado del link budget, generalmente expresado en decibelios (dB), indica la potencia de la señal que se espera que llegue al receptor. Un link budget positivo sugiere que la señal recibida estará por encima del nivel mínimo requerido para una comunicación fiable, teniendo en cuenta el margen de pérdida por desvanecimiento.

Un link budget típicamente incluye:

- **Potencia de Transmisión (PTx):** La potencia con la que el transmisor envía la señal.

- **Ganancia de la Antena Transmisora (GTx):** La capacidad de la antena del transmisor para dirigir la señal en una dirección específica. Ya vimos esto en un apartado anterior.

- **Ganancia de la Antena Receptora (GRx):** La capacidad de la antena del receptor para recoger la señal.

- **Pérdidas del Sistema (Ls):** Pérdidas asociadas con los componentes del sistema, como cables, conectores y filtros.

- **Pérdida de Propagación (Lp):** La atenuación de la señal a medida que viaja a través del medio, incluyendo la pérdida por espacio libre, la absorción, la difracción, y otros factores ambientales o geográficos.

- **Margen de Pérdida por Desvanecimiento (Fading Margin):** Un margen adicional para tener en cuenta las variaciones en la señal debido a efectos como el desvanecimiento multipath y las fluctuaciones atmosféricas.

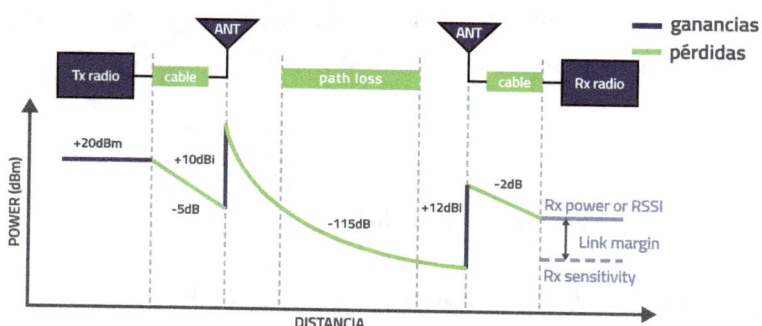

Figura 2.10: Link budget a través de pérdidas y ganancias en una transmisión/recepción típicas

2.7 Polarización

La polarización se refiere a la orientación de la onda electromagnética generada por una antena en relación con la superficie de la Tierra. Hay dos tipos principales de polarización: polarización vertical y polarización horizontal.

Polarización Vertical: En este caso, la onda electromagnética tiene un campo eléctrico que oscila verticalmente, es decir, paralelo al suelo. Este tipo de polarización es común en aplicaciones de difusión de señales de radio y televisión.

Polarización Horizontal: Aquí, el campo eléctrico oscila horizontalmente, es decir, perpendicular al suelo. Este tipo de polarización es común en comunicaciones satelitales y de microondas.

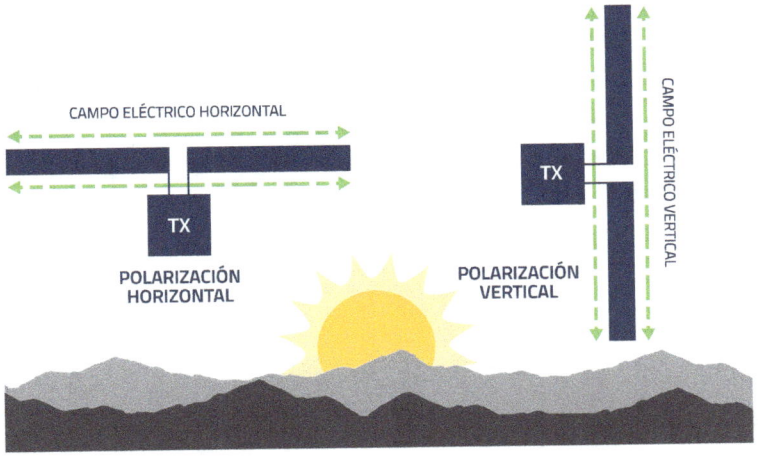

Figura 2.11: Ejemplos de polarización horizontal y vertical de un dipolo

Nota: A pesar de que la polarización horizontal y vertical son las más importantes cuando se estudia el tema, puesto que son más fáciles de explicar y entender; existen también otros tipos de polarización, como la polarización circular y la polarización elíptica. De hecho, el tipo de antena helicoidal, descrita con anterioridad, generalmente utiliza polarización circular.

2.8 Herramientas útiles

Este libro también es empleado como material de estudio del curso LoRaWAN Masterclass de Yubox. Por lo tanto se explicarán aquí las herramientas usadas en el desarrollo de las prácticas de este entrenamiento. Sin embargo, más allá de este entrenamiento, si el lector planea dedicarse al desarrollo de proyectos o redes LoRaWAN, las herramientas citadas aquí son muy recomendadas. Estas han sido elegidas, aparte de su conveniencia y características, también por su portabilidad y bajo costo. De este modo, la incursión en el universo LoRaWAN no resultará prohibitiva.

NanoVNA

Existen algunas herramientas para medir el ROE, pero aquí cubriremos el caso de una herramienta llamada NanoVNA. En general, un VNA (por sus siglas en inglés Vector Network Analyzer) es un dispositivo sofisticado que nos permite medir una cantidad importante de parámetros relacionados con antenas o líneas de transmisión. En el caso particular del NanoVNA, se trata de una herramienta relativamente reciente que ha permitido que este tipo de herramientas lleguen a un público mucho mayor, pues los VNAs hace una década eran prohibitivos por su precio y estaban reservados para grandes compañías o laboratorios especializados.

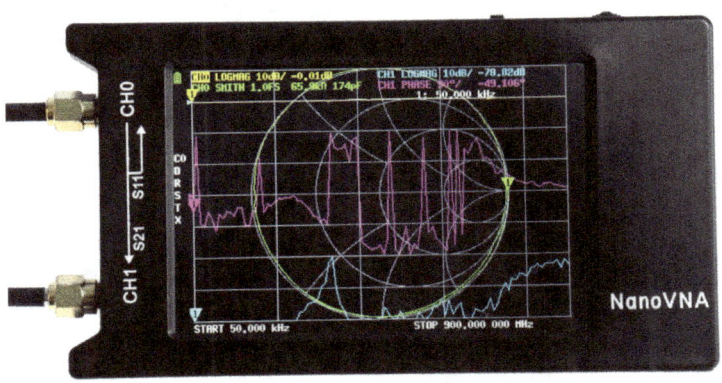

Figura 2.12: Imagen del producto NanoVNA

Hardware de SDR

Un hardware de Radio Definida por Software (SDR, por sus siglas en inglés Software-Defined Radio) se refiere a un dispositivo físico que implementa varias características básicas de un receptor de radiofrecuencia. Este dispositivo envía datos a un computador, que mediante el uso de software hace que sea relativamente sencillo realizar operaciones usualmente complejas con esta información digital, como por ejemplo modulación, demodulación o análisis de espectro. Uno de los dispositivos SDR más populares es el RTL-SDR, que puede conseguirse en menos de $40 en tiendas online como Amazon.

Figura 2.13: Imagen del producto RTL-SDR

Software de SDR

Para poder utilizar todo el potencial de un dispositivo de hardware SDR es necesario contar con software adecuado. Existen algunas opciones y algunas gratuitas. Entre las más populares citaré las siguientes.

GNU Radio

GNU Radio es una herramienta de desarrollo de software libre y de código abierto que proporciona bloques de construcción digitales para implementar sistemas de radio. Es altamente versátil, potente y permite a los usuarios diseñar, simular y desplegar algoritmos de radiofrecuencia (RF) con una gran variedad de dispositivos SDR.

SDRSharp (SDR#)

SDRSharp es una aplicación Windows simple pero poderosa para la recepción de radio. Cuenta con una interfaz de usuario gráfica intuitiva, múltiples opciones de filtrado, y capacidad de análisis de espectro.

Se ha vuelto popular entre los entusiastas de la radio y los radioaficionados para escuchar una amplia gama de señales, incluyendo radio FM, comunicaciones aéreas y marítimas.

HDSDR (High Definition Software Defined Radio)

Características: HDSDR es un software para Windows que ofrece una interfaz gráfica para el control de diversos receptores y transceptores SDR. Soporta una amplia gama de dispositivos SDR y tiene capacidades avanzadas como la grabación de espectro y la reproducción.

Utilizado por radioaficionados y entusiastas de la radio para la recepción y el análisis de señales.

CubicSDR

CubicSDR es un software SDR de código abierto que ofrece soporte multiplataforma (Windows, macOS, Linux), proporcionando una interfaz sencilla y robusta para la exploración de señales RF.

Adecuado para usuarios que buscan una solución SDR multiplataforma para la escucha general de radio y el análisis de espectro.

SDR Console

SDR Console es un software sofisticado que no solo ofrece funciones de recepción de radio, sino también capacidades como seguimiento de satélites, soporte para múltiples receptores, y un servidor de radio para compartir tu receptor SDR con otros usuarios en línea.

Ideal para entusiastas avanzados de la radio y operadores que desean funcionalidades extendidas como el seguimiento de satélites.

2.9 Modulación

La modulación es el proceso mediante el cual se transmite información sobre una onda portadora. Al comprender cómo se modula la señal, seremos capaces de entender cómo se transmiten datos, voz y video en la comunicación inalámbrica. Exploraremos las técnicas de modulación más comunes, como la modulación de amplitud (AM), la modulación de frecuencia (FM) y la modulación de desplazamiento de fase (PSK).

Ilustraremos mejor con un ejemplo. Imaginemos que queremos enviar una señal de voz de manera inalámbrica. La señal de voz, al tratarse de una onda mecánica, no puede viajar grandes distancias, pero si logramos transferir esta información sobre una onda electromagnética, podemos hacer que esta información de voz pueda viajar incluso cientos o miles de kilómetros. A este proceso es que llamamos modulación.

Tipos de modulación comunes

Existen varios tipos de modulación, cada uno adaptado a necesidades específicas y aplicaciones. Entre los más comunes se encuentran la Modulación de Amplitud (AM), Modulación de Frecuencia (FM), Modulación por Desplazamiento de Frecuencia (FSK), y la Modulación por Espectro Ensanchado de Secuencia Directa (CSS). Estos métodos difieren en cómo alteran la onda portadora, ya sea en su amplitud, frecuencia, fase, o de una manera más compleja, lo que permite una amplia gama de aplicaciones, desde la transmisión de radio hasta las comunicaciones satelitales y las redes inalámbricas.

AM (Modulación de Amplitud)

La Modulación de Amplitud (AM) es una técnica utilizada en las comunicaciones electrónicas, más comúnmente para transmitir información a través de una onda de radio. En la AM, la amplitud (intensidad) de la onda portadora varía en proporción a la señal de información (sonido, video, etc.) que se está enviando, mientras que la frecuencia y la fase de la portadora permanecen constantes. La AM fue una de las primeras formas de modulación utilizadas para la transmisión de voz y música a través de la radio.

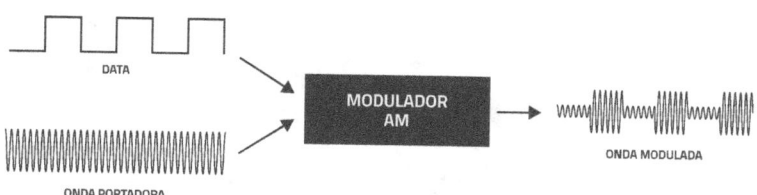

Figura 2.14: Esquema simplificado de un modulador AM

FM (Modulación de Frecuencia)

La Modulación de Frecuencia (FM) es otra técnica de modulación de ondas de radio en la que la frecuencia de la onda portadora se modifica de acuerdo con la señal de información. A diferencia de la AM, en la FM es la frecuencia de la portadora la que varía con la señal de información, mientras que la amplitud de la portadora se mantiene constante. La FM es conocida por su mejor resistencia al ruido y la interferencia en comparación con la AM, lo que la hace popular para la transmisión de música y voz de alta fidelidad en las radiodifusiones de FM.

FSK (Modulación por Desplazamiento de Frecuencia)

La Modulación por Desplazamiento de Frecuencia (FSK) es una forma de modulación digital que utiliza dos o más frecuencias diferentes para representar la información digital. En FSK, la señal digital modifica la frecuencia de la onda portadora entre un conjunto de frecuencias discretas. Cada frecuencia en el conjunto representa un símbolo digital específico (como un 0 o un 1). FSK es ampliamente utilizado en tecnologías como el módem de telefonía y la comunicación inalámbrica debido a su simplicidad y eficacia en entornos con ruido.

CSS (Modulación por Espectro Ensanchado de Secuencia Directa)

La Modulación por Espectro Ensanchado de Secuencia Directa (CSS) es una forma de modulación que distribuye la señal de datos sobre un espectro de frecuencias mucho más amplio que el mínimo necesario para transmitir los datos. Esto se logra mediante la combinación de la señal de datos con una secuencia de código pseudoaleatoria de mayor velocidad, lo que resulta en una señal de banda ancha. La CSS ofrece ventajas como la resistencia a la interferencia y al espionaje. La modulación LoRa, que veremos a continuación, es un tipo de modulación CSS.

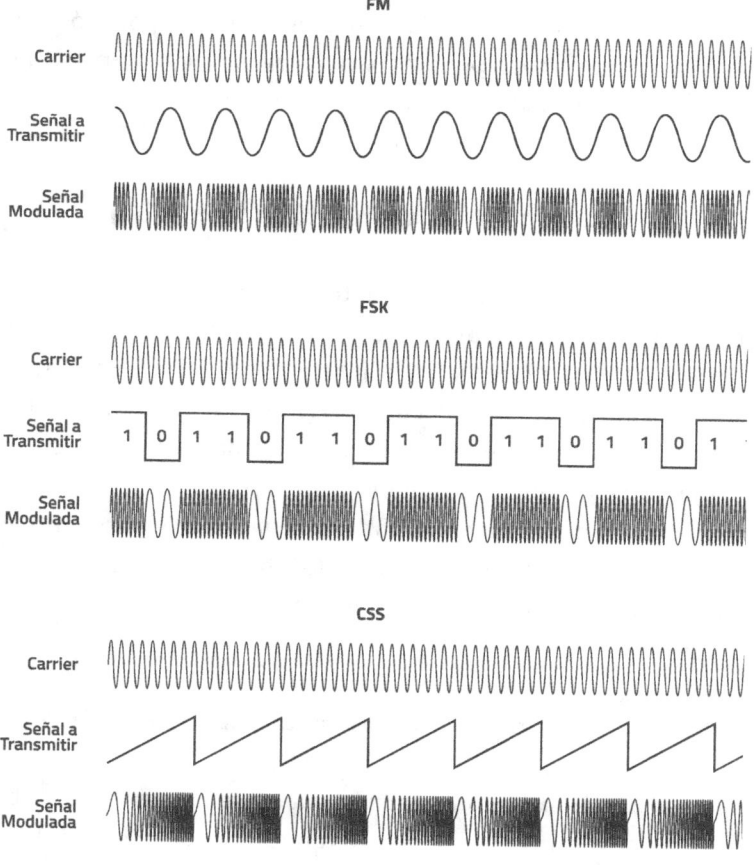

Figura 2.15: Diferentes tipos de modulación

Capítulo 3
Modulación LoRa

La modulación LoRa (Long Range) es una técnica de modulación de espectro ensanchado que se caracteriza por su alta resistencia a las interferencias y su capacidad para transmitir señales a largas distancias con un bajo consumo de energía. La frecuencia se incrementa o decrementa gradualmente y la forma en que ocurren estos incrementos codifica la información a transmitir. Estos incrementos o decrementos se denominan chirps (o chirridos) y existen de dos tipos: **upchirp** (cuando ocurre un incremento) y **downchirp** (cuando ocurre un decremento).

La palabra chirp se hereda de la modulación CSS (Chirp Spread Spectrum), pues en realidad LoRa es un tipo particular de modulación CSS.

MODULACIÓN LORA

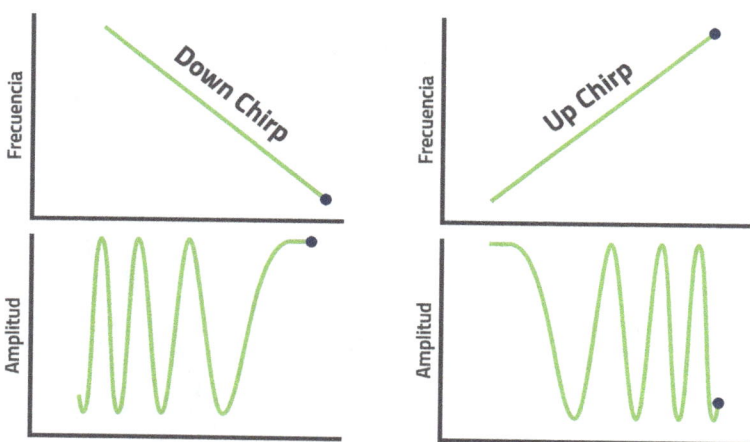

Figura 3.1: Diferencia entre upchirps y downchirps

A continuación una gráfica, donde se puede observar cómo lucen estos **upchirps** y **downchirps** en un gráfico tipo *rainfall* en un espectrómetro.

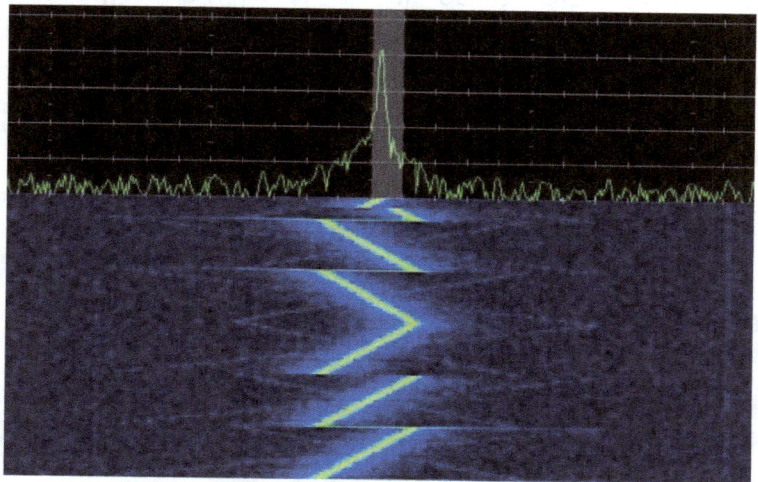

Figura 3.2: Upchirps y downchirps en una pantalla de rainfall

3.1 Símbolos

En LoRa no se transmiten bits (1s y 0s) precisamente sobre la señal portadora, sino algo llamado símbolos. Un símbolo en LoRa es como una "palabra" en un código secreto, donde cada palabra puede representar diferentes cantidades de letras o números, dependiendo de cuán complicado queramos hacer el código.

Nota: Luego explicaremos el por qué de este paso de traducir la información a símbolos, que a primera vista podría parecer innecesario, pero al final del día resulta crucial para que esta tecnología funcione de la manera en que lo hace.

Una señal LoRa está dividida en espacios exactamente iguales de tiempo y cada uno de estos espacios de tiempo, contiene exactamente un símbolo.

El símbolo viene a ser como la unidad de datos en la modulación LoRa. La información a transmitir primero se codifica en símbolos y luego esta información se monta sobre la modulación LoRa. En el receptor el proceso es inverso.

Figura 3.3: Diagrama de bloques de la transformación de datos a símbolos

A continuación se aprecia cómo los símbolos están delimitados en espacios exactos e iguales de tiempo.

MODULACIÓN LORA

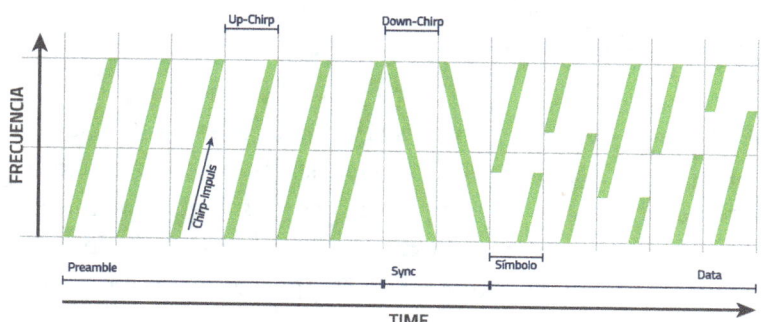

Figura 3.4: Representación gráfica de la ventana de duración de un símbolo

Para conseguir estos intervalos exactos e iguales de tiempo se necesita extrema precisión en el reloj interno de los circuitos integrados que implementan esta tecnología. Por lo tanto, la sincronización de la señal entre el transmisor y el receptor se vuelve un asunto de crítica importancia que se ha logrado resolver con una técnica que involucra algo llamado preámbulo.

3.2 Preámbulo

El preámbulo en la modulación LoRa es una secuencia de símbolos al inicio de un paquete de datos que permite al receptor sincronizarse con la señal entrante antes de la decodificación de los datos reales. El preámbulo es una parte crucial de la estructura del paquete de datos en la comunicación LoRa y sirve para varias funciones importantes, como la detección de señal, la sincronización de tiempo y frecuencia, y la preparación para la decodificación de datos.

Funciones del Preámbulo:

- **Detección de Señal:** Ayuda al receptor a detectar la presencia de una transmisión entrante en el canal.
- **Sincronización:** Facilita la sincronización del receptor con la señal del transmisor en términos de tiempo y frecuencia, lo que es crucial para una decodificación exitosa de los datos.
- **Ganancia del Receptor:** Permite que el receptor ajuste su ganancia para la fuerza de la señal entrante, optimizando la relación señal-ruido para la decodificación.

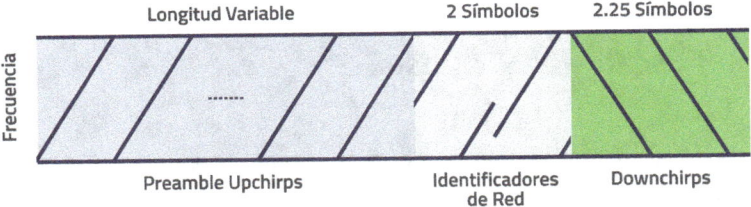

Figura 3.5: Preámbulo de una transmisión LoRa

El preámbulo está compuesto por tres secciones principales:

Upchirps: Esta es la primera sección y su longitud es variable. Consiste en una serie de *upchirps*, que son *chirps* cuya frecuencia aumenta progresivamente con el tiempo. Estos *chirps* son utilizados por el receptor para bloquearse o sincronizarse con la señal entrante, lo que le permite establecer el inicio de una transmisión y prepararse para procesar la información que sigue.

Nota: *En LoRaWAN por lo general se usan 8 upchirps para el preámbulo.*

Identificadores de Red (Network Identifiers): Esta sección está compuesta por dos símbolos y es utilizada para identificar la red a la que pertenece el mensaje.

Downchirps: La última sección del preámbulo consta de 2.25 símbolos de *downchirps*, cuyas frecuencias disminuyen con el tiempo. Esta secuencia es importante para la sincronización final y el ajuste fino de la detección de señal en el receptor, justo antes de comenzar a decodificar el encabezado y la carga útil del paquete de datos.

3.3 Escalones y chips

Hasta aquí puede parecer que un chirp corresponde a una variación de frecuencia lineal, pero la verdad es que no sucede de manera totalmente continua sino en valores discretos. Estos escalones discretos en la variación de la frecuencia son conocidos como 'chips'. En el contexto de LoRa, un **chip** no es más que un fragmento de la señal de chirp cuya frecuencia se mantiene constante durante un corto periodo de tiempo antes de saltar al siguiente valor de frecuencia en la secuencia del chirp.

Nota: *No confundir chips con chirps. Son dos cosas diferentes.*

En la siguiente figura se puede apreciar cómo la variación de frecuencia de un *upchirp* se da en intervalos discretos. El número de intervalos discretos está determinado por un parámetro llamado SF que se estudiará más adelante.

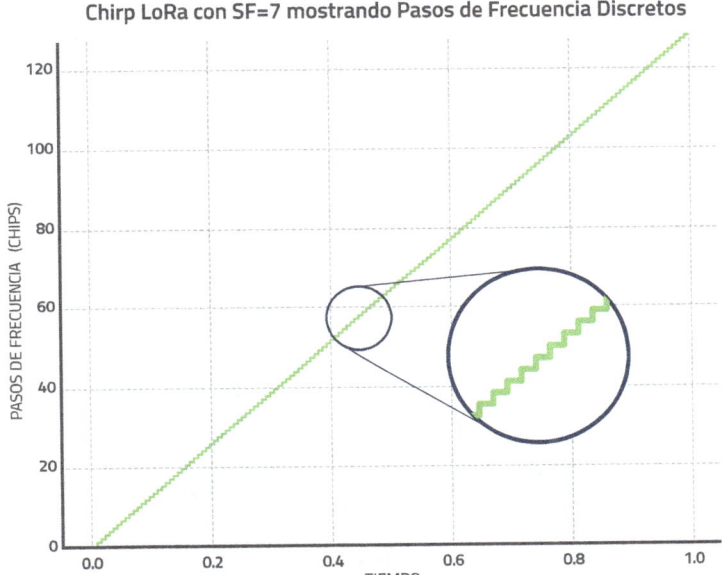

Figura 3.6: Chips o escalones en un upchirp

3.4 Spreading Factor

El Spreading Factor (o Factor de Dispersión) controla cuánto se "expande" una señal para ocupar el ancho de banda disponible.

Impacto del Spreading Factor

Tasa de Datos: El SF influye directamente en la tasa de datos o velocidad a la que se pueden transmitir los datos. Un SF más alto significa que cada bit de información se representa por más chirps, lo que reduce la tasa de datos porque se tarda más tiempo en transmitir un solo bit.

Alcance de la Comunicación: A medida que aumenta el SF, la sensibilidad del receptor mejora, lo que permite detectar señales más débiles y, por lo tanto, aumenta el alcance de la comunicación.

Resistencia a Interferencias: Un SF más alto mejora la capacidad de la señal para resistir interferencias y atenuación, ya que la señal es más robusta y puede recuperarse mejor de efectos como el multitrayecto o el ruido de fondo.

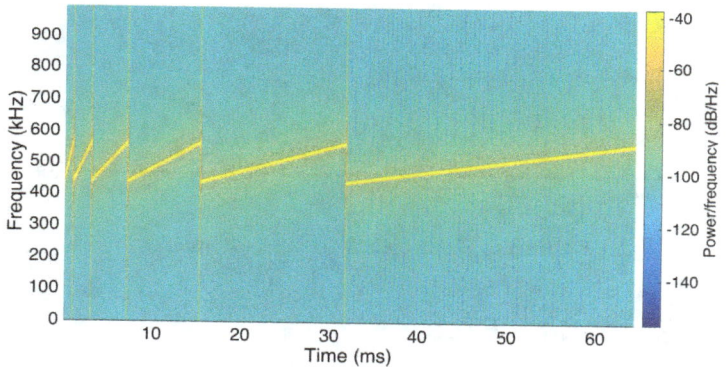

Figura 3.7: Distintas versiones de upchirp para diferentes factores de dispersión (SF)

Cómo Funciona el Spreading Factor

Duración del Símbolo: La duración de un símbolo en LoRa es proporcional a 2^SF. Esto significa que si incrementas el SF de 7 a 8, la duración del símbolo se duplica y como resultado, se reduce a la mitad la tasa de bits.

Configuración: El SF en LoRa puede configurarse entre 6 y 12, donde SF6 es el más rápido y menos robusto, y SF12 es el más lento pero con la mayor robustez y alcance.

En la figura anterior se aprecia que la duración de un símbolo se duplica cada vez que se aumenta el SF en una unidad. Esto resulta del número de "escalones" que se requieren para ir desde la frecuencia más baja a la más alta. El número de "escalones" necesarios se deriva de la fórmula 2^{SF}.

Pros y contras del SF

En áreas rurales donde las interferencias son menores y se requiere un mayor alcance, se suelen utilizar SF más altos. En entornos urbanos, donde se necesita una mayor capacidad de red y las distancias son menores, se pueden utilizar SF más bajos.

Aunque un SF más alto puede aumentar el alcance, también consume más energía porque la transmisión de datos es más larga. Por lo tanto, hay que encontrar un equilibrio entre el alcance deseado y la vida útil de la batería, especialmente para dispositivos IoT que funcionan con baterías.

Un SF más alto también ocupa el canal por más tiempo, lo que puede reducir la capacidad total de la red al disminuir el número de mensajes que se pueden enviar en un período de tiempo determinado.

3.5 Code Rate

El "Code Rate" (tasa de codificación) es un parámetro que se refiere a la cantidad de redundancia de datos que se agrega a la transmisión para permitir la corrección de errores en el receptor. Por convención se expresa en base al número de bits de corrección que se agregan cada 4 bits de datas. Se pueden agregar 1, 2, 3 y 4. Una manera usual de representar estos bits es como una suerte de fracción de la siguiente forma 4/5, 4/6, 4/7 y 4/8.

Por ejemplo, un CR de 4/7 significa que por cada 4 bits de data se agregan 3 bits de corrección de errores. El más común es 4/5.

Impacto en la Comunicación

Robustez: Una tasa de codificación más baja (más bits de redundancia) hace que la transmisión sea más robusta frente a errores, ya que hay más información adicional que puede utilizarse para recuperar los datos originales en caso de errores.

Tasa de Datos: Al agregar bits de redundancia, la tasa de datos efectiva disminuye porque se utilizan más bits para transmitir la misma cantidad de información útil.

Alcance: Una tasa de codificación más baja puede ayudar a extender el alcance efectivo de la comunicación, ya que los datos tienen más posibilidades de ser recuperados correctamente en el receptor incluso si la señal se degrada a grandes distancias.

Nota: Aunque el concepto de tasa de codificación y su implementación en la capa física está asociada con la tecnología de modulación LoRa, el uso de diferentes tasas de codificación en una red LoRaWAN está especificado por el protocolo LoRaWAN.

LoRaWAN define cómo y cuándo se debe aplicar una determinada tasa de codificación para optimizar la comunicación y el uso del espectro en una red de dispositivos IoT.

3.6 Más acerca de los símbolos

Cuando comencé a leer por primera vez acerca de LoRa, una de las primeras cosas que me causó confusión fue esto de los símbolos, así que creo que lo justo es dedicarle algo más de explicación.

Como dijimos antes, la modulación LoRa transmite símbolos, no bits de información digital. Sin embargo, ¿cuál es la equivalencia entre bits y símbolos?

La respuesta concreta depende del Spreading Factor que se esté usando y lo mejor es ilustrarlo con un ejemplo. Para el ejemplo utilizaré un SF lo más bajo posible, pues recordemos que mientras más grande el SF, más símbolos hay. De hecho, para un SF12 existen 2^{12} símbolos, es decir 1024. En otras palabras, SF12 tiene un vocabulario extenso.

Utilizaré un SF4, que en la práctica no se utiliza, pero que teóricamente tendría 2^4 o 16 símbolos, lo cual ya podemos graficar sin tener que copiar aquí una tabla ilegible. He calculado cómo lucirían los 16 símbolos existentes para un SF4 en la figura 3.8. Es importante darle un vistazo ahora, pues puede aclarar la película rápidamente.

Como podemos ver en la figura, todos los símbolos tienen exactamente la misma duración, representado por el ancho de los mismos en la figura 3.8. Lo que cambia entre ellos es la frecuencia (o altura) en la cual inician su transmisión, por lo que el receptor debe ser lo suficientemente preciso para detectar esa frecuencia y calcular qué símbolo es el que se está recibiendo. Lo bueno es que, si se logra recibir un símbolo con éxito, este símbolo representa más de un bit de información. En el caso de SF4 contendrá 4 bits de información, mientras que para un SF12 contendrá 12 bits de información.

Ahora compliquemos nuestro ejemplo con un caso concreto: necesitamos transmitir una secuencia de bits con un SF4. La secuencia es la siguiente.

0010010111101001

Para hacerlo con SF4 primero tendremos que dividir la secuencia en grupos de 4 bits y para cada grupo de 4 bits encontrar el símbolo correspondiente para transmitir según la tabla 3.8.

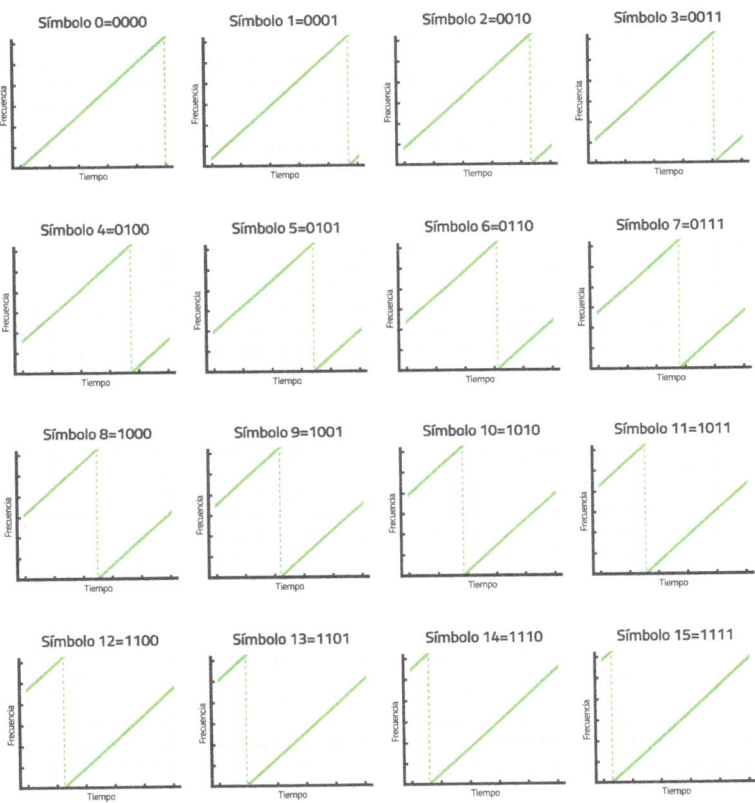

Figura 3.8: Posibles símbolos para un hipotético SF4

Es sencillo darnos cuenta que tenemos aquí 4 símbolos diferentes, que corresponden a los números decimales 2, 5, 14 y 9.

0010 0101 1110 1001

Por lo anterior, si transmitimos estos símbolos de manera secuencial, obtendremos en nuestro espectrómetro imaginario algo parecido a lo siguiente.

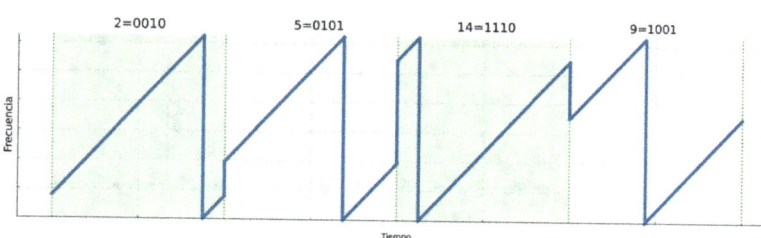

Figura 3.9: Transmisión de la cadena de bits de nuestro ejemplo con SF4

3.7 Simulando el desempeño de LoRa

Para facilitarnos la vida y no tener que calcular el desempeño de nuestro hardware LoRa manualmente, lo cual sería una tarea titánica, pues tendríamos que desentrañar los misterios de los chips de Semtech primero, la misma compañía nos provee de una herramienta de software muy útil y fácil de usar.

Se trata de una herramienta Web y la podemos buscar con el nombre de "LoRa Modem Calculator Tool". Se encuentra en el sitio de Semtech en la ruta: *https://www.semtech.com/design-support/lora-calculator*

La herramienta soporta varios chips LoRa, como la serie SX1261/SX1262, SX1280 y el chip para tracking LR1110, que veremos también más adelante en este libro.

Yo he usado a modo de ejemplo el chip SX1262 con una potencia de transmisión de 15dB, 125kHz de ancho de banda y un SF10. Los resultados los publico más abajo y se acercan muchísimo a varios casos reales que he logrado medir.

Nota: Al final del libro haré un experimento con el chip LR1110, midiendo su consumo de energía, pero no se adelanten por ahora.

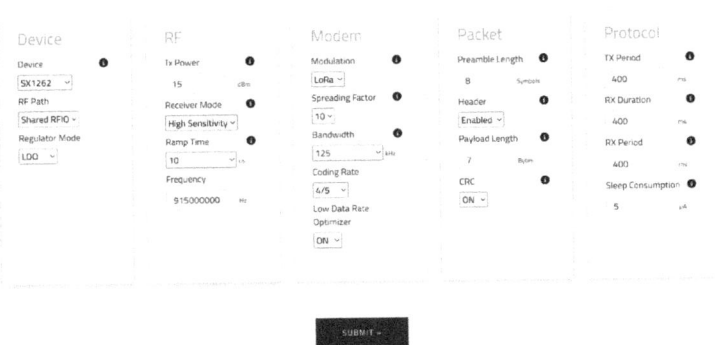

Figura 3.10: LoRa Modem Calculator Tool en acción

MODULACIÓN LORA

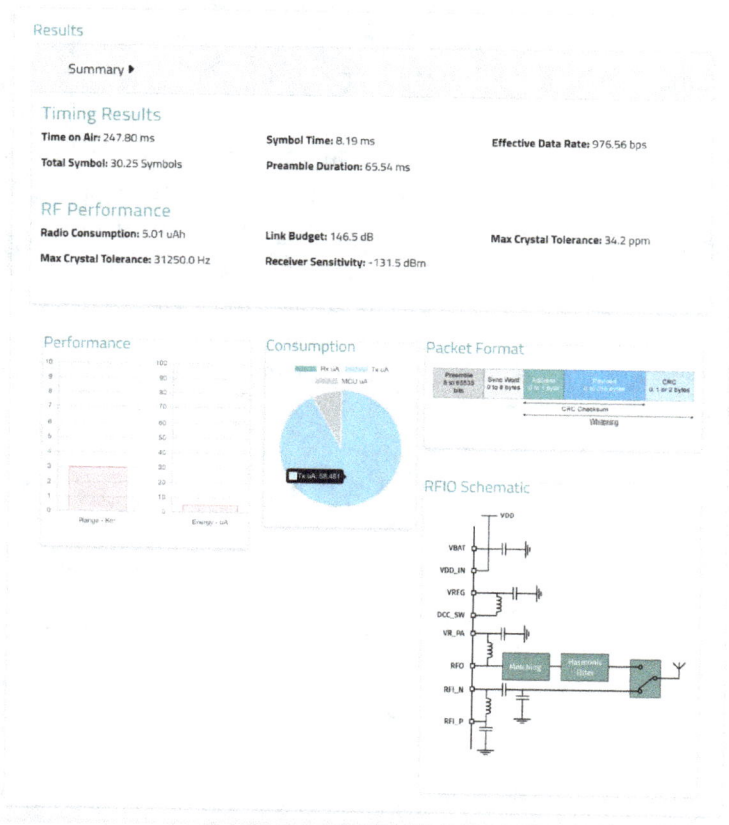

Figura 3.11: Resultados para nuestro ejemplo, usando la calculadora LoRa

Como podemos observar, aparte de mucha información interesante, tenemos que para el escenario anterior se pronostica un consumo de aproximadamente 58.5mA durante 248 mili-segundos, alcanzando una distancia de 3 kilómetros.

3.8 ¿Es posible usar LoRa sin LoRaWAN?

¡Por supuesto!. Esta es una pregunta común que me hacen en las sesiones de entrenamiento. Cuando se utiliza LoRa sin LoRaWAN, los desarrolladores pueden implementar sus propios protocolos de comunicación personalizados sobre la capa física LoRa, adecuados para sus necesidades específicas de aplicación. Algunos escenarios en los que esto podría ser útil incluyen:

Comunicación punto a punto: En aplicaciones simples donde solo se necesita comunicación directa entre dos dispositivos, como un sensor remoto y una estación base, se puede utilizar LoRa para transmitir datos directamente sin la infraestructura de red LoRaWAN.

Redes cerradas: En situaciones donde una red cerrada con un número limitado de dispositivos necesita comunicarse dentro de un área definida, se puede establecer un protocolo personalizado sobre LoRa para manejar la comunicación y el control de acceso.

Aplicaciones de baja complejidad: Para proyectos que no requieren la escalabilidad, la gestión de red o las características de seguridad de LoRaWAN, como ciertos proyectos de hobby o educativos, LoRa puede ser una solución más sencilla y directa.

A pesar de que en ciertos escenarios existen ventajas de usar LoRa sin el estándar LoRaWAN encima, esto nos limita en la mayoría de los casos, pues, al prescindir de LoRaWAN, se pierden los beneficios propios de un estándar, como la interoperabilidad entre dispositivos y redes, las funciones avanzadas de seguridad y la gestión de la red. Además, el desarrollo de un protocolo personalizado podría requerir más tiempo y recursos.

3.9 Caso de estudio: Meshtastic

Meshtastic es un proyecto de código abierto que utiliza dispositivos de bajo costo, con radios LoRa y GPS (opcional), para crear redes de malla (mesh networks) descentralizadas, enfocadas principalmente en la comunicación de texto y la ubicación para uso en actividades al aire libre, situaciones de emergencia, y comunidades en áreas remotas donde no hay cobertura de red móvil o internet.

El objetivo de ponerlo como ejemplo en el presente libro es ilustrar el uso de la tecnología LoRa sin la necesidad de utilizar el estándar LoRaWAN.

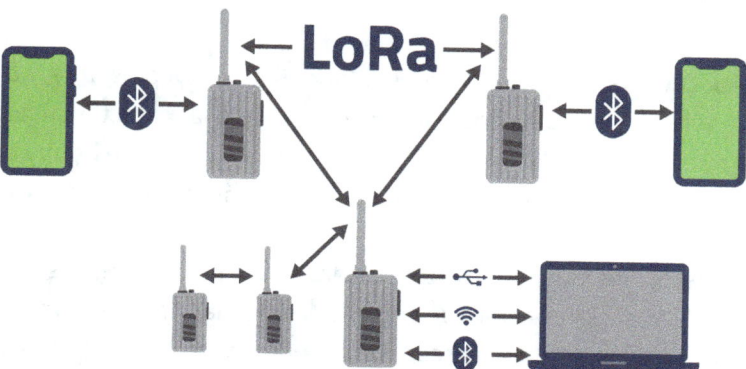

Figura 3.12: Diagrama de funcionamiento de una red Meshtastic

Meshtastic es un buen ejemplo para ilustrar las ventajas que tienen ciertos proyectos muy específicos al hacer uso de su propia implementación de la técnica de modulación LoRa.

En el caso particular de este proyecto, las razones aparentes (especulación mía, no son explicaciones oficiales) por las que se decidió usar directamente LoRa sin usar un estándar encima son las siguientes:

Comunicación de Red de Malla: Meshtastic está diseñado para crear una red de malla autoformada y autoreparable entre dispositivos individuales. En una red de malla, cada dispositivo actúa tanto como cliente como repetidor, lo que permite que los mensajes se pasen de un dispositivo a otro hasta llegar a su destino.

Nota: LoRaWAN, en cambio, está diseñado para arquitecturas de red de estrella, donde los dispositivos finales se comunican directamente con una puerta de enlace fija, lo que no facilita la creación de una red de malla.

Bajo Consumo de Energía y Larga Duración: Meshtastic está optimizado para el bajo consumo de energía, permitiendo que los dispositivos funcionen durante semanas o meses con una sola carga de batería. El uso de LoRa puro permite un control más fino sobre los parámetros de transmisión, como la potencia de salida, el Spreading Factor y el ancho de banda, lo que puede optimizarse para equilibrar el alcance, la tasa de datos y el consumo de energía según las necesidades específicas del proyecto.

Simplicidad y Flexibilidad: Al utilizar LoRa sin el protocolo LoRaWAN, Meshtastic puede simplificar su implementación, reduciendo la complejidad y los requisitos de recursos tanto en el hardware como en el software. Esto también le da al proyecto una mayor flexibilidad para adaptarse a usos específicos y para implementar características personalizadas que no estarían disponibles o serían más difíciles de implementar en el marco de LoRaWAN.

Operación Independiente de Infraestructura: Meshtastic está diseñado para operar de manera independiente sin necesidad de una infraestructura de red fija, como puertas de enlace LoRaWAN o servidores de red. Esto es particularmente útil en áreas remotas o en situaciones de emergencia donde la infraestructura de comunicaciones convencional puede no estar disponible o ser poco confiable.

Comunicación Directa y Privada: El proyecto está diseñado para permitir la comunicación directa entre usuarios de manera privada y segura, sin depender de servidores centrales o infraestructura de red que podría comprometer la privacidad.

Preparando un dispositivo con Meshtastic

Para utilizar Meshtastic necesitamos "quemar" el firmware de este proyecto en algún hardware soportado. Existe una lista de hardware oficialmente soportado en el sitio Web de Meshtastic, muchos de ellos los podemos adquirir desde la comodidad de Amazon.

Sea cual sea el hardware que elijamos, la manera de cargarle el firmware de Meshtastic es bastante sencilla. Se realiza visitando la página web: *https://flasher.meshtastic.org*. Esta página nos permite quemar el firmware correcto directamente desde la Web, para lo cual nos presenta todas las opciones de dispositivos disponibles y de una manera sencilla de elegir.

Como vemos en la siguiente figura, es cosa de elegir el modelo de tarjeta que tenemos, seleccionar la versión de firmware (por lo general la más reciente) y presionar el botón de "Flash".

En mi caso he utilizado el board LILYGO T-Deck y el LILYGO LoRa32 con resultados bastante buenos. Prefiero eso sí el primero, pues viene con teclado y pantalla, lo que hace que se pueda prescindir del uso de un celular de apoyo (conectado bluetooth).

Figura 3.13: GUI para "flashear" el firmware de Meshtastic

MODULACIÓN LORA

Algo importante a tener en consideración es que ambos dispositivos deben estar configurados con los mismos "parámetros de radio", que en el caso de Meshtastic, existen 4, que son Long Slow, Long Fast, Medium, Short Fast. Meshtastic ha creado esta terminología que internamente mapea con un SF (Spreading Factor) y un DR (Data Rate).

Figura 3.14: Dispositivos T-Deck comunicándose entre sí con Meshtastic

Capítulo 4
LoRaWAN

LoRaWAN (Long Range Wide Area Network) es un protocolo de comunicación y una arquitectura de sistema para redes de área amplia que utiliza la modulación LoRa para permitir la comunicación inalámbrica a larga distancia con bajo consumo de energía. LoRaWAN es gestionado por la LoRa Alliance, que es una asociación abierta de miembros que colaboran para impulsar la adopción global de la tecnología LoRaWAN.

4.1 Características de LoRaWAN

He decidido dividir las características en dos grupos debido a que hay dos características que destacan sobre las demás y es lo que hacen de esta tecnología diferente.

Características principales

Largo Alcance: Permite la transmisión de datos a distancias de varios kilómetros, ideal para aplicaciones rurales y urbanas.

Bajo Consumo de Energía: Diseñado para dispositivos IoT que requieren baterías con una vida útil prolongada, que puede ser de varios años.

Características adicionales.

Comunicación Bidireccional: Soporta tanto el envío de datos desde los dispositivos finales hasta un servidor central (uplink) como la transmisión de datos desde el servidor a los dispositivos finales (downlink).

Capacidad de Red: Puede manejar miles de dispositivos finales conectados a una sola puerta de enlace de red.

Seguridad: Ofrece comunicaciones seguras con cifrado y autenticación para proteger contra el uso no autorizado y la interceptación de datos.

4.2 La organización LoRa-Alliance

El estándar LoRaWAN es mantenido por una organización abierta y sin fines de lucro llamada LoRa-Alliance. La LoRa Alliance está formada por miembros de la industria que creen en el poder de la tecnología LoRa (Long Range) para permitir la Internet de las Cosas (IoT) a nivel global. Fundada en 2015, la alianza se enfoca en impulsar y promover la adopción de la tecnología LoRa y del protocolo LoRaWAN.

Además de mantener el estándar LoRaWAN, la LoRa-Alliance tiene otros objetivos:

Promoción: Promover LoRaWAN como un estándar global abierto para aplicaciones de IoT de bajo consumo, asegurando la interoperabilidad entre dispositivos, redes y servicios. En este marco, organiza eventos como el LoRaWAN Live, todos los años.

Certificación: Proporcionar un programa de certificación oficial, que garantice la interoperabilidad y la conformidad de los productos y servicios basados en LoRaWAN, lo que ayuda a mantener un alto nivel de calidad y compatibilidad en el ecosistema.

Colaboración: Facilitar la colaboración entre los miembros de la alianza, que incluyen proveedores de tecnología, operadores de red, proveedores de servicios, distribuidores, fabricantes de dispositivos, y usuarios finales. Esta colaboración ayuda a acelerar el desarrollo de soluciones basadas en LoRaWAN y a superar desafíos técnicos y comerciales.

Innovación y Desarrollo: Promover la innovación y el desarrollo continuo dentro del ecosistema LoRaWAN, incluyendo la mejora de las especificaciones del protocolo, la seguridad y la eficiencia energética.

Nota: Más información en el sitio web de LoRa-Alliance https://lora-alliance.org

4.3 Arquitectura de una red LoRaWAN

En la siguiente figura se muestra la arquitectura general de una red LoRaWAN.

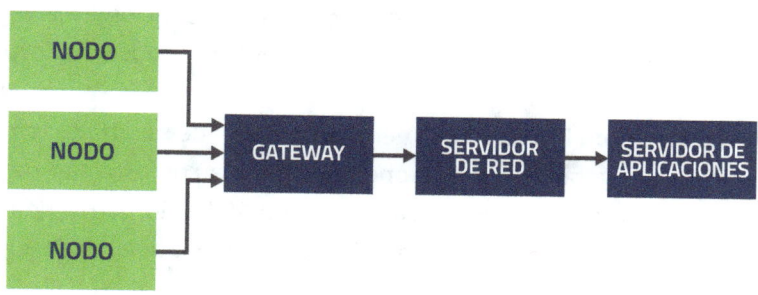

Figura 4.1: Arquitectura general de una red LoRaWAN

Componentes de la Red LoRaWAN

Nodos: Son los sensores, actuadores u otros dispositivos IoT que necesitan comunicarse dentro de la red. Estos dispositivos son a menudo alimentados por baterías y diseñados para ser de bajo costo y consumo energético.

Puertas de Enlace (Gateways): Funcionan como puentes entre los dispositivos finales y el servidor de red. Reciben las transmisiones de los dispositivos finales y las reenvían al servidor de red a través de conexiones de banda ancha como Ethernet, Wi-Fi o celular. Una sola puerta de enlace puede manejar miles de dispositivos finales simultáneamente.

Servidor de Red (Network Server): Es el componente central de la red LoRaWAN, responsable de la gestión de la red, incluyendo el control de acceso, el enrutamiento de mensajes, la programación de la comunicación descendente y la gestión de la tasa de datos adaptativa (ADR). El servidor de red también se encarga de desduplicar los mensajes recibidos de múltiples puertas de enlace.

Servidor de Aplicación: Procesa los datos de aplicación recibidos del servidor de red. Aquí es donde se implementa la lógica específica de la aplicación, como el análisis de datos, la visualización y la toma de decisiones basada en los datos recibidos de los dispositivos finales.

Dirección del flujo de datos

Dependiendo de si el flujo de datos va de los nodos hacia la red LoRaWAN o si va al revés, se le otorgan los siguientes nombres.

Uplink (Del nodo al gateway): Los nodos envían datos (uplink) a las puertas de enlace, que a su vez los reenvían al servidor de red.

Downlink (Del gateway al nodo): Para enviar datos a los nodos (downlink), el servidor de aplicación envía los mensajes al servidor de red, que los programa y los envía a los nodos a través de las puertas de los gateways apropiados, teniendo en cuenta las ventanas de recepción de los dispositivos.

Lo más común en IoT son los uplinks, pues los nodos se encuentran enviando datos a la nube constantemente.

4.4 Gateways

Un gateway LoRaWAN, también conocido como puerta de enlace, es un dispositivo esencial dentro de una red que actúa como puente entre los nodos (como sensores y actuadores) y la red.

Su función principal es recibir las señales de radiofrecuencia (RF) transmitidas por los dispositivos finales utilizando la tecnología LoRa y reenviar esta información al Network Server, generalmente a través de una conexión a Internet.

Figura 4.2: Típico gateway LoRaWAN antes y después de ser instalado

Características Principales

Conversión de Señales: Los gateways LoRaWAN convierten las señales de RF de LoRa en paquetes de datos que pueden ser transmitidos a través de redes IP al servidor de red LoRaWAN, y viceversa para los mensajes de downlink desde el servidor de red hacia los dispositivos finales.

Cobertura de Largo Alcance y Bajo Consumo: Aprovechando la tecnología LoRa, los gateways pueden cubrir distancias significativas (a menudo varios kilómetros en áreas urbanas y mucho más en áreas rurales). Para esto los gateways implementan electrónica de alta sensibilidad, pudiendo llegar inclusive a tener una sensibilidad mayor a señales muy débiles, de menos de -140 dB.

Capacidad de Manejo de Dispositivos Múltiples: Un solo gateway LoRaWAN puede manejar comunicaciones de miles de dispositivos finales simultáneamente, gracias a la capacidad de LoRa de utilizar diferentes factores de ensanchamiento (Spreading Factors) y canales.

Funciones de Reenvío de Datos: Los gateways no interpretan ni analizan los datos transmitidos; simplemente los reenvían al servidor de red y entregan los mensajes de downlink a los dispositivos finales según las instrucciones del servidor.

Componentes internos

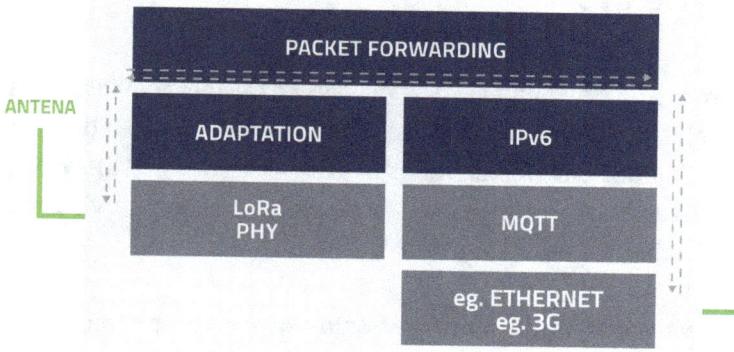

Figura 4.3: Componentes internos de un gateway LoRaWAN

Para cumplir con su objetivo de reenviar paquetes desde la red LoRa hasta el Network Server el gateway necesita electrónica interna que implemente en hardware la demodulación (y modulación) LoRa, además de contar con un software que se encargue de la lógica de reenviar estos paquetes a la troncal (o backhaul), que puede ser Ethernet, Wifi, Celular, etcétera, y que a final del día conducirá los paquetes al Network Server a través del Internet. Este componente se denomina "Packet Forwarder".

4.5 Network Server

En el estándar LoRaWAN, el Network Server (Servidor de Red) desempeña un papel central en la gestión y operación de la red. Funciona como el cerebro de la red LoRaWAN, gestionando la comunicación entre los dispositivos finales (nodos) y las aplicaciones, y asegurando que los datos se transmitan de manera eficiente y segura. A continuación, se describen las principales funciones y responsabilidades del Network Server en una red LoRaWAN:

Gestión de Dispositivos
- Activación de Dispositivos: El Network Server gestiona la activación de los dispositivos finales, ya sea mediante Activación por Personalización (ABP) o Activación por Aire (OTAA), asignando identificadores únicos y asegurando una unión segura a la red.

- Mantenimiento de Sesiones: Mantiene el estado de las sesiones de los dispositivos, incluyendo identificadores, contadores de tramas y claves de seguridad, para asegurar una comunicación continua y segura.

Enrutamiento de Mensajes
- Enrutamiento de Uplink: Recibe mensajes de uplink de los dispositivos finales a través de las puertas de enlace (gateways) y los enruta a las aplicaciones correspondientes.
- Gestión de Downlink: Programa y envía mensajes de downlink desde las aplicaciones hacia los dispositivos finales, gestionando las ventanas de recepción y la priorización de mensajes.

Control de Tasa de Datos y Potencia de Transmisión
- Adaptive Data Rate (ADR): Optimiza la tasa de datos y la potencia de transmisión de los dispositivos finales para mejorar la eficiencia de la red y la duración de la batería de los dispositivos, adaptándose a las condiciones cambiantes del enlace de radio.

Gestión de Canales
- Asignación de Canales: Administra la asignación de canales de RF a los dispositivos finales para cumplir con las regulaciones regionales y optimizar el uso del espectro.

Seguridad
- Manejo de Claves de Seguridad: Gestiona las claves de seguridad para el cifrado y la autenticación de mensajes, asegurando la integridad y confidencialidad de los datos en la red.

- Autenticación y Autorización: Asegura que solo los dispositivos autorizados puedan unirse y operar en la red, y que los datos se dirijan a las aplicaciones adecuadas.

Deduplicación de Mensajes
- Filtrado de Mensajes: Elimina duplicados de mensajes de uplink recibidos por múltiples puertas de enlace, asegurando que las aplicaciones reciban una única instancia de cada mensaje.

Gestión de la Calidad del Servicio
- Monitorización y Diagnóstico: Supervisa el rendimiento de la red y los dispositivos, proporcionando diagnósticos y alertas para el mantenimiento y la resolución de problemas.

Interoperabilidad
- Soporte de Estándares: Asegura la interoperabilidad entre diferentes fabricantes de dispositivos y aplicaciones, cumpliendo con el estándar LoRaWAN para garantizar una amplia compatibilidad.

4.6 Join Server

El Join Server no se muestra en la figura 4.1 porque en muchas implementaciones forma parte (por comodidad) del Network Server. Sin embargo, no es obligatorio que trabaje así y bien puede operar de manera separada. El Join Server es el responsable de la autenticación de dispositivos que intentan unirse a la red. Esto se hace mediante el manejo del proceso de "join-request" y "join-accept" entre el dispositivo y la red.

A continuación algunas de las características comunes de un Join Server:

Autenticación de Dispositivos: El Join Server autentica dispositivos que intentan unirse a la red LoRaWAN. Utiliza la información única de identificación del dispositivo, como el DevEUI (Identificador Único de Dispositivo) y una clave precompartida (AppKey), para verificar que el dispositivo que solicita unirse a la red es legítimo y está autorizado a hacerlo.

Gestión de Claves: Una vez que un dispositivo es autenticado, el Join Server genera las claves de sesión necesarias para la comunicación segura dentro de la red. Esto incluye la AppSKey (Application Session Key), que se utiliza para cifrar y descifrar los datos de la aplicación (payload), y la NwkSKey (Network Session Key), que se utiliza para la seguridad a nivel de red, incluyendo la validación de mensajes (integridad de datos) y la identificación de dispositivos.

Manejo del Proceso de Join: El Join Server gestiona el proceso de join-request y join-accept. Cuando un dispositivo desea unirse a la red, envía un join-request al Network Server, que luego lo reenvía al Join Server. Si el dispositivo es autenticado exitosamente, el Join Server responde con un join-accept, que incluye las claves de sesión cifradas y otros parámetros necesarios para la comunicación.

Seguridad Mejorada: Al centralizar la autenticación y la gestión de claves, el Join Server mejora la seguridad de la red. Esto permite implementar prácticas de seguridad robustas, como la rotación periódica de claves y la gestión segura de credenciales de dispositivos, minimizando el riesgo de ataques y compromisos de seguridad.

Desacoplamiento de Funciones: Al separar las responsabilidades de seguridad del resto de la gestión de la red, el Join Server permite una mayor flexibilidad y escalabilidad. Los operadores de red pueden actualizar o modificar políticas de seguridad, gestionar claves y autenticar dispositivos sin interferir con las operaciones del Network Server, mejorando la mantenibilidad y la gestión de la red.

Interoperabilidad y Flexibilidad: En algunos casos, el Join Server puede operar independientemente del proveedor de la red LoRaWAN, lo que permite a los dispositivos unirse a diferentes redes sin necesidad de reconfigurar las claves de seguridad o las credenciales, facilitando la interoperabilidad entre diferentes operadores y simplificando la gestión de dispositivos a gran escala.

Nota: En el caso de Chirpstack (el Network Server que estudiaremos más adelante) el Join Server viene como parte del paquete del Network Server y se encuentra embebido.

4.7 Regulaciones Regionales

Las regulaciones regionales de LoRaWAN son un conjunto de especificaciones adaptadas a las leyes y normativas locales sobre el uso del espectro de radio en diferentes partes del mundo. Estas regulaciones afectan a diversos aspectos de la comunicación LoRaWAN, incluidas las bandas de frecuencia permitidas, la potencia de transmisión máxima, los canales disponibles y las políticas de uso del espectro, como el tiempo de actividad (duty cycle) permitido y la escucha antes de hablar (Listen Before Talk, LBT). La adaptación a estas regulaciones es crucial para garantizar que las redes y dispositivos LoRaWAN operen legalmente y optimicen su rendimiento y alcance dentro de las restricciones locales.

Principales Regiones y sus Especificaciones

Europa (EU868): En Europa, LoRaWAN opera principalmente en la banda de 868 MHz. Las regulaciones incluyen un duty cycle limitado (generalmente 1% en la mayoría de los canales), lo que significa que un dispositivo solo puede transmitir durante el 1% de su tiempo para minimizar la interferencia con otros dispositivos.

Norteamérica (US915): En los Estados Unidos, LoRaWAN utiliza la banda de 915 MHz. Esta región permite un enfoque de "salto de frecuencia" (frequency hopping) con 72 canales de 125 kHz y 8 canales de 500 kHz para transmisiones de alta velocidad o de control. No hay restricciones de duty cycle, pero se aplican otras normativas, como la potencia de transmisión máxima y LBT.

Australia (AU915): Similar a US915, pero con algunas diferencias en los canales específicos y las regulaciones de potencia.

Australia también utiliza la banda de 915 MHz y adopta un enfoque similar de salto de frecuencia.

Asia (AS923): La especificación AS923 es utilizada por varios países asiáticos y se basa en la banda de 923 MHz. Tiene regulaciones específicas para el duty cycle y la potencia de transmisión, y se caracteriza por ofrecer una "banda plana", sin salto de frecuencia obligatorio. Algunos países dentro de esta región tienen requisitos adicionales, como Japón con su banda AS923-1.

Ecuador y Brasil: Se utiliza la región AU915.

Otros: Otras regiones, como América Latina y África, pueden seguir una de las especificaciones mencionadas o tener sus propias regulaciones basadas en las condiciones locales del espectro de radio.

4.8 Sub-bandas y canales

Las sub-bandas y canales son conceptos utilizados para organizar el espectro de radiofrecuencia disponible para la transmisión de datos. La estructura de sub-bandas y canales permite optimizar el uso del espectro, mejorar la capacidad de la red y cumplir con las regulaciones regionales sobre el uso del espectro.

Sub-bandas

Una sub-banda es un segmento específico del espectro de radio asignado para LoRaWAN dentro de una banda de frecuencia más amplia. Las regulaciones regionales de LoRaWAN dividen la banda de frecuencia disponible en varias sub-bandas, cada una con sus propias reglas. Se puede entender como un agrupador de canales.

Canales

Dentro de cada sub-banda, el espectro se divide en canales más estrechos que son utilizados para las transmisiones de LoRa. Cada canal tiene una frecuencia central específica y un ancho de banda definido.

En la siguiente tabla, podemos observar (en rojo) qué canales se encuentran agrupados dentro de la sub-banda 2 para la región AU915.

AU915 UPLINK CHANNELS									
915,2	915,4	915,6	915,8	916	916,2	916,4	916,6	Channels 0 to 7	
916,8	917	917,2	917,4	917,6	917,8	918	918,2	Channels 8 to 15	SUB-BANDA 2
918,4	918,6	918,8	919	919,2	919,4	919,6	919,8	Channels 16 to 23	
920	920,2	920,4	920,6	920,8	921	921,2	921,4	Channels 24 to 31	125kHz
921,6	921,8	922	922,2	922,4	922,6	922,8	923	Channels 32 to 39	DR0 to DR5
923,2	923,4	923,6	923,8	924	924,2	924,4	924,6	Channels 40 to 47	4/5
924,8	925	925,2	925,4	925,6	925,8	926	926,2	Channels 48 to 55	
926,4	926,6	926,8	927	927,2	927,4	927,6	927,8	Channels 56 to 63	
915,9	917,5	919,1	920,7	922,3	923,9	925,5	927,1	Channels 64 to 71	500 kHz DR6

Figura 4.4: Canales de uplink en la región AU915

Nota: Los 917,5 MHz del canal 65 de 500kHz se encuentra dentro del rango de frecuencias de la sub-banda 2 y se traslapa con los canales 11 y 12.

4.9 Clases en nodos

En LoRaWAN, los nodos (o dispositivos finales) pueden operar en una de las tres clases distintas: Clase A, Clase B y Clase C. Cada clase define el comportamiento de comunicación del dispositivo, especialmente en términos de cómo y cuándo puede recibir mensajes del servidor (downlink). Estas clases permiten diferentes compromisos entre la complejidad del dispositivo, el consumo de energía y las necesidades de la aplicación.

Clase A: Dispositivos Bidireccionales Básicos

Todos los dispositivos LoRaWAN deben soportar la Clase A. En esta clase, la comunicación inicia siempre por el dispositivo final con un mensaje de uplink. Después de cada mensaje de uplink, hay dos breves ventanas de tiempo donde el dispositivo escucha los mensajes de downlink.

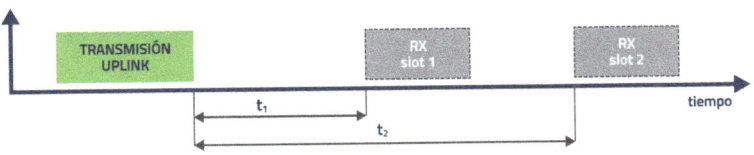

Figura 4.5: Ventanas de RX en Clase A

Ventanas de Recepción: Inmediatamente después de transmitir, el dispositivo abre dos breves ventanas de recepción (Rx1 y Rx2). Si no recibe ningún mensaje durante estas ventanas, entra en modo de bajo consumo hasta la próxima transmisión.

> **Nota:** Usualmente la ventana de tiempo t1 es de aproximadamente 1 segundo. Ver ejercicio en capítulo 9.

La Clase A es la más eficiente en términos de energía, ya que el dispositivo está mayormente en modo de bajo consumo y solo despierta para transmitir o durante las ventanas de recepción.

Clase B: Dispositivos con Ventanas de Recepción Programadas

Los dispositivos Clase B incluyen todo el comportamiento de la Clase A pero añaden ventanas de recepción programadas además de las ventanas post-transmisión. Esto permite al servidor de red saber cuándo estará el dispositivo escuchando activamente, lo que facilita la planificación de las comunicaciones de downlink.

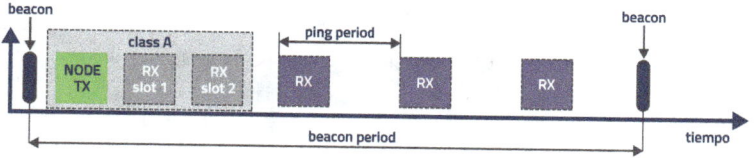

Figura 4.6: Ventanas de RX en Clase B

Beacons: Para sincronizar estas ventanas de recepción programadas, las puertas de enlace emiten beacons que los dispositivos Clase B utilizan para sincronizar sus relojes internos y saber cuándo abrir sus ventanas de recepción adicionales.

La Clase B proporciona una mayor oportunidad para la comunicación de downlink a costa de un consumo energético ligeramente mayor, debido a las escuchas periódicas para los beacons y las ventanas de recepción programadas.

Clase C: Dispositivos de Recepción Continua

Los dispositivos Clase C tienen ventanas de recepción abiertas de manera casi continua, cerrándose solo cuando el dispositivo está transmitiendo. Esto significa que pueden recibir mensajes de downlink en cualquier momento, sin necesidad de esperar una transmisión de uplink.

Figura 4.7: Ventana de RX en Clase C

Consumo Energético: Esta clase es la menos eficiente en términos de energía, ya que el dispositivo necesita mantener su receptor activo casi todo el tiempo. Por lo tanto, es más adecuada para dispositivos que no dependen de baterías o para aplicaciones que requieren una alta disponibilidad de comunicación de downlink.

Elección de la Clase

La elección entre Clase A, B o C depende de los requisitos específicos de la aplicación y del balance deseado entre la eficiencia energética y la necesidad de comunicaciones de downlink. Clase A es obligatoria y la más común debido a su simplicidad y eficiencia energética, mientras que las Clases B y C se utilizan en aplicaciones que requieren una mayor disponibilidad de comunicación de downlink.

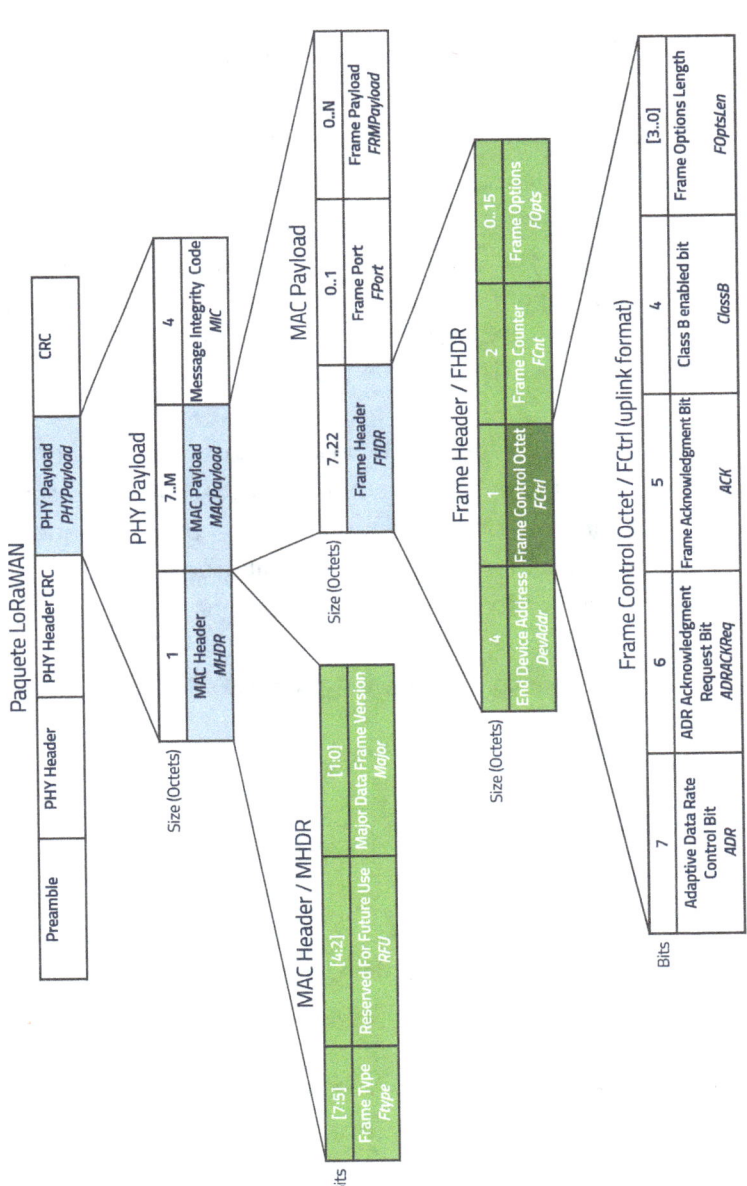

Figura 4.8: Disección de un paquete LoRaWAN

4.10 Estructura de un paquete LoRaWAN

La estructura de un paquete LoRaWAN está diseñada para optimizar la eficiencia en entornos de bajo ancho de banda y potencia limitada. Un paquete LoRaWAN consta de varias partes, cada una con un propósito específico para garantizar la comunicación segura, eficiente y confiable entre los dispositivos finales y la red. A continuación, se detalla la estructura típica de un paquete LoRaWAN:

La data útil (la que finalmente usará nuestra aplicación) se encontrará en el campo FRMPayload y las cabeceras (o headers) contendrán información importante sobre el tipo de paquete, su destino, instrucciones, etc. En estas cabeceras se encuentra lo que realmente hace que LoRaWAN funcione.

Mencionaremos a continuación el propósito de las cabeceras MHDR y FHDR.

MAC Payload

El MAC Payload es donde se almacena la información útil del mensaje. Está compuesto por los siguientes elementos:

FHDR (Frame Header): Este encabezado incluye información importante para el procesamiento del mensaje. Ya lo veremos en detalle más adelante.

FPort: Este campo indica el puerto de aplicación al que se destina el mensaje. Un valor de FPort de 0 está reservado para los comandos MAC, mientras que los valores de 1 a 223 están disponibles para el uso de aplicaciones específicas. Los valores de 224 a 255 están designados para usos futuros y para extensiones específicas de la red.

FRMPayload: Aquí se encuentra la carga útil del mensaje, es decir, los datos reales que el dispositivo está enviando o recibiendo. La naturaleza de estos datos puede variar ampliamente según la aplicación, desde lecturas de sensores hasta comandos para actuadores.

Nota: Al desarrollar aplicaciones LoRaWAN usualmente se pasa por alto el uso del FPort y se envía toda la información por el mismo puerto. El puerto no es otra cosa que una forma de organizar la información, pero su uso tiene ventajas. Por ejemplo, si mi dispositivo envía información de batería para diagnóstico, a lo mejor sea buena idea enviarla en un puerto distinto al que usamos para enviar la data de campo. De este modo, al analizar la información no gastaremos tiempo en decodificar la información que llegue por el puerto que hemos elegido para diagnóstico si no lo consideramos necesario o si estamos al límite de recursos.

MAC Header (MHDR)

El MHDR (MAC Header) es un campo de 1 byte que especifica el tipo de mensaje (M-Type). Este campo es crucial para determinar cómo debe procesarse el resto del paquete. El tipo de paquete especificado aquí, puede ser de varios tipos:

Campo M-Type	Tipo de mensaje
000	Join Request
001	Join Accept
010	Unconfirmed Data Up
011	Unconfirmed Data Down
100	Confirmed Data Up
101	Confirmed Data Dow
110	RFU (Reservado para uso futuro)
111	Propietario

Frame Header (FHDR)

El FHDR (Frame Header) contiene información esencial para el enrutamiento y la gestión de los mensajes, y puede variar en tamaño. Incluye:

Dirección del Dispositivo (DevAddr): Un identificador de 4 bytes que denota el dispositivo final dentro de la red LoRaWAN.

Control de Trama (FCtrl): Un campo de 1 byte que incluye varios flags de control, como los indicadores de ACK y ADR.

Contador de Tramas (FCnt): Un contador de 2 bytes que se utiliza para llevar la cuenta de los mensajes enviados y recibir para evitar la repetición y garantizar la secuencia correcta de los mensajes.

Campo de Opciones de FOpts (FOpts): Un campo opcional que puede contener comandos MAC específicos.

4.11 Data Rate

En LoRaWAN el "Data Rate" (tasa de datos) se refiere a la velocidad a la que los datos son transmitidos desde los dispositivos finales a las puertas de enlace (gateways) y viceversa. Esta tasa es un factor crítico en el rendimiento de la red ya que influye en aspectos como el alcance de la comunicación, la capacidad de la red y la duración de la batería de los dispositivos finales. Básicamente depende de dos factores: el ancho de banda (BW) y el factor de dispersión (SF).

Teóricamente es posible calcular de manera aproximada el data rate con la siguiente fórmula.

$$\text{Bit Rate} = SF \times \frac{BW}{2^{SF}} \times \text{CR}$$

Donde,

CR: Code Rate. Usualmente ⅘
BW: Ancho de banda
SF: Spreading Factor

LoRaWAN codifica las diversas combinaciones de ancho de banda y factor de dispersión y a cada combinación le asigna un identificador, que es básicamente un número entero del 0 al 15.

A continuación veremos una tabla de resumen, que he elaborado en base al documento oficial "LoRaWAN™ 1.0.4 Regional Parameters", donde se muestran estos códigos de Data Rate para diferentes bandas.

DATA RATE	EU868	EU433	US915	AU915	CN470	AS923	KR920	IN865	RU864
0	SF12 / 125 kHz	SF12 / 125 kHz	SF10 / 125 kHz	SF12 / 125 kHz	SF12 / 125 kHz	SF12 / 125 kHz	SF12 / 125 kHz	SF12 / 125 kHz	SF12 / 125 kHz
1	SF11 / 125 kHz	SF11 / 125 kHz	SF9 / 125 kHz	SF11 / 125 kHz	SF11 / 125 kHz	SF11 / 125 kHz	SF11 / 125 kHz	SF11 / 125 kHz	SF11 / 125 kHz
2	SF10 / 125 kHz	SF10 / 125 kHz	SF8 / 125 kHz	SF10 / 125 kHz	SF10 / 125 kHz	SF10 / 125 kHz	SF10 / 125 kHz	SF10 / 125 kHz	SF10 / 125 kHz
3	SF9 / 125 kHz	SF9 / 125 kHz	SF7 / 125 kHz	SF9 / 125 kHz	SF9 / 125 kHz	SF9 / 125 kHz	SF9 / 125 kHz	SF9 / 125 kHz	SF9 / 125 kHz
4	SF8 / 125 kHz	SF8 / 125 kHz	SF8 / 500 kHz	SF8 / 125 kHz	SF8 / 125 kHz	SF8 / 125 kHz	SF8 / 125 kHz	SF8 / 125 kHz	SF8 / 125 kHz
5	SF7 / 125 kHz	SF7 / 125 kHz	-	SF7 / 125 kHz	SF7 / 125 kHz	SF7 / 125 kHz	SF7 / 125 kHz	SF7 / 125 kHz	SF7 / 125 kHz
6	SF7 / 250 kHz	SF7 / 250 kHz	-	SF8 / 500 kHz	SF7 / 500 kHz	SF7 / 250 kHz	-	-	SF7 / 250 kHz
7	FSK	FSK	-	-	FSK	FSK	-	FSK	FSK
8	-	-	SF12 / 500 kHz	SF12 / 500 kHz	-	-	-	-	-
9	-	-	SF11 / 500 kHz	SF11 / 500 kHz	-	-	-	-	-
10	-	-	SF10 / 500 kHz	SF10 / 500 kHz	-	-	-	-	-
11	-	-	SF9 / 500 kHz	SF9 / 500 kHz	-	-	-	-	-
12	-	-	SF8 / 500 kHz	SF8 / 500 kHz	-	-	-	-	-
13	-	-	SF7 / 500 kHz	SF7 / 500 kHz	-	-	-	-	-
14	-	-	-	-	-	-	-	-	-
15	-	-	-	-	-	-	-	-	-

Tabla 4.9: Parámetros regionales de Data Rate

4.12 Ciclo de trabajo

El ciclo de trabajo, conocido también como "duty cycle", en LoRaWAN es un concepto regulatorio que limita el porcentaje de tiempo que un dispositivo puede transmitir para minimizar la interferencia en las bandas de frecuencia compartidas, como las bandas ISM (Industrial, Scientific and Medical) que son comúnmente utilizadas por LoRaWAN y otras tecnologías inalámbricas.

El ciclo de trabajo se define como la proporción del tiempo durante el cual un dispositivo está transmitiendo (emitiendo) en relación con un período de tiempo fijo. Por ejemplo, un ciclo de trabajo del 1% en un periodo de una hora significa que el dispositivo puede transmitir durante 36 segundos cada hora.

Las restricciones del ciclo de trabajo varían según la región y están definidas por las autoridades regulatorias locales. Por ejemplo, en Europa (banda EU868), muchos canales tienen un ciclo de trabajo limitado al 1%, mientras que en otras regiones, como en los Estados Unidos (banda US915), no se aplica un límite de ciclo de trabajo pero se utilizan otras regulaciones como "Listen Before Talk" (LBT).

4.13 Mecanismos de activación

En LoRaWAN, los nodos deben ser activados y asociados a una red antes de que puedan comunicarse de manera segura. Hay dos mecanismos principales de activación: Activación por Personalización (ABP, por sus siglas en inglés "Activation By Personalization") y Activación por Aire (OTAA, por sus siglas en inglés "Over-The-Air Activation"). Cada uno tiene sus propias características, ventajas y desventajas. Explicaremos brevemente los dos, pero le daremos especial atención a OTAA por ser el mecanismo recomendado en la presente obra.

Activación por Personalización (ABP)

En la Activación por Personalización, los identificadores y claves de seguridad se programan directamente en el dispositivo antes de su despliegue. Esto incluye la dirección de dispositivo (DevAddr), la clave de red (NwkSKey) y la clave de aplicación (AppSKey).

Ventajas:

Simplicidad: No se requiere un procedimiento de unión, lo que simplifica el proceso de despliegue.

Conectividad Inmediata: Los dispositivos pueden comunicarse con la red inmediatamente después de ser encendidos, ya que todas las claves necesarias ya están configuradas.

Desventajas:

Seguridad: Si un dispositivo es comprometido, las claves deben ser cambiadas manualmente, lo que puede ser impracticable para dispositivos ya desplegados.

Escalabilidad: No es ideal para redes grandes, ya que gestionar las claves de seguridad de muchos dispositivos puede volverse complicado.

Activación por Aire (OTAA)

En la Activación por Aire, el dispositivo realiza un procedimiento de unión con la red cada vez que se enciende o necesita reasociarse, durante el cual se negocian dinámicamente un nuevo DevAddr y claves de sesión (NwkSKey y AppSKey).

Ventajas:

Seguridad Mejorada: Las claves de sesión se generan dinámicamente para cada sesión, mejorando la seguridad.

Flexibilidad: Permite la reasignación de direcciones de dispositivo y la actualización de claves, lo que facilita la gestión de dispositivos en redes en crecimiento.

Adaptabilidad: Los dispositivos pueden adaptarse a cambios en la configuración de la red, como el reasignamiento a una nueva puerta de enlace.

Desventajas:

Complejidad Adicional: El proceso de unión OTAA es más complejo que la configuración directa de ABP.

Retardo en la Conectividad: Los dispositivos deben completar el procedimiento de unión antes de poder enviar o recibir datos útiles.

4.14 Proceso de activación OTAA

El mecanismo de Activación por Aire (OTAA) en LoRaWAN es un proceso de unión dinámica que permite a un dispositivo final establecer una conexión segura con una red LoRaWAN. Este proceso implica una serie de intercambios de mensajes entre el dispositivo y la red para negociar parámetros de sesión como la dirección del dispositivo (DevAddr) y las claves de sesión (NwkSKey y AppSKey). A continuación, se describe el proceso OTAA en detalle, incluidos los parámetros necesarios.

Parámetros Requeridos en el nodo

Para iniciar el proceso OTAA, el dispositivo final necesita los siguientes identificadores y claves únicos, que son preconfigurados en el dispositivo:

DevEUI (Identificador Único del Dispositivo): Es un identificador globalmente único (EUI-64) para el dispositivo final, similar a una dirección MAC en redes Ethernet, que asegura una identificación única a nivel mundial.

AppEUI (Identificador Único de la Aplicación): También conocido como JoinEUI en versiones más recientes de LoRaWAN, es un identificador globalmente único (EUI-64) para la aplicación a la que el dispositivo está intentando unirse. Sirve para asegurar que el mensaje de unión llegue a la aplicación correcta en el servidor de red.

AppKey (Clave de Aplicación): Es una clave AES de 128 bits precompartida entre el dispositivo y la red, utilizada para cifrar los mensajes de unión y derivar las claves de sesión (NwkSKey y AppSKey) después de un proceso de unión exitoso.

Proceso de Activación OTAA

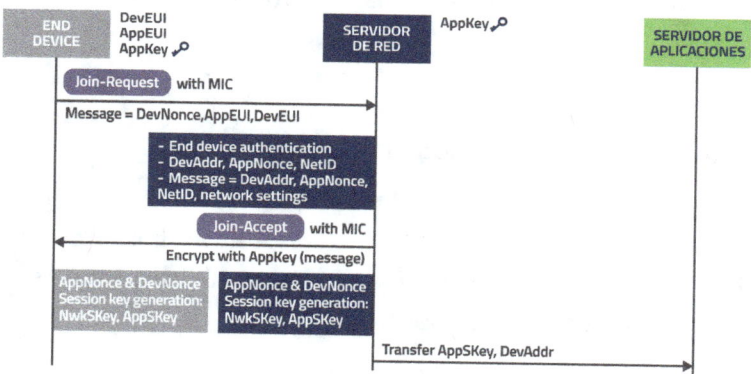

Figura 4.10: Intercambio de mensajes en una activación OTA

1. **Mensaje de Solicitud de Unión (Join Request):** El dispositivo envía un mensaje de solicitud de unión que incluye su DevEUI, AppEUI y un Nonce (JoinNonce), que es un número utilizado una sola vez para asegurar la frescura del mensaje. Este mensaje está cifrado con la AppKey.

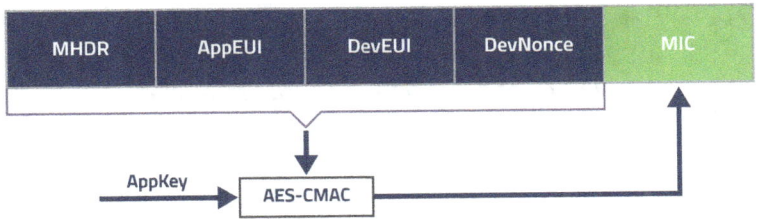

Figura 4.11: Estructura de un paquete Join-Request

2. **Recepción y Verificación:** La red (servidor de red o Join Server, dependiendo de la arquitectura) recibe el mensaje de solicitud de unión, verifica la validez del DevEUI y AppEUI, y utiliza la AppKey para descifrar y autenticar el mensaje.

3. **Mensaje de Aceptación de Unión (Join Accept):** Si la verificación es exitosa, la red genera una respuesta de aceptación de unión, que incluye los parámetros necesarios para la sesión de comunicación, como la dirección del dispositivo (DevAddr) y las claves de sesión (NwkSKey para la capa de red y AppSKey para la capa de aplicación). Este mensaje también incluye un contador (JoinNonce) y se cifra utilizando la AppKey.

4. **Establecimiento de la Sesión:** El dispositivo recibe el mensaje de aceptación de unión, descifra los parámetros con la AppKey y establece los parámetros de sesión. A partir de este momento, todas las comunicaciones ulteriores se cifran utilizando las claves de sesión derivadas (NwkSKey y AppSKey).

5. **Comunicación Segura:** Con las claves de sesión establecidas, el dispositivo puede ahora comunicarse de forma segura con la red, enviando y recibiendo mensajes cifrados.

Características de Seguridad

Al generar dinámicamente las claves de sesión para cada ciclo de unión, OTAA ofrece una seguridad robusta, ya que las claves de sesión no son preconfiguradas y cambian con cada reinicio o reasociación.

Los dispositivos pueden realizar el proceso OTAA cada vez que se reinician o cuando es necesario reasociarse con la red, lo que permite actualizar las claves de sesión y mantener la seguridad de la comunicación.

4.15 Potencia de transmisión del nodo

En LoRaWAN, la potencia de transmisión que un nodo debe usar puede ser gestionada de dos maneras: puede ser fijada a un valor predeterminado definido en la configuración del dispositivo o puede ser controlada de manera adaptativa mediante el mecanismo conocido como ADR (Adaptive Data Rate).

En el primer caso, los nodos LoRaWAN pueden configurarse para usar una potencia de transmisión específica, la cual se establece durante la configuración inicial del dispositivo. Esta potencia está limitada por las regulaciones del espectro radioeléctrico en el país donde se está operando el dispositivo. Por ejemplo, en Europa, la potencia máxima es típicamente limitada a +14 dBm para las bandas de frecuencia utilizadas por LoRaWAN.

Ajuste de potencia en ADR

Cuando ADR está activado, el nodo ajusta su potencia de transmisión y tasa de datos basándose en las condiciones de la red y la calidad de la conexión, lo que permite optimizar tanto el alcance como la duración de la batería del nodo. El proceso exacto es el siguiente:

Reporte de SNR (Relación Señal/Ruido): Los gateways reciben los paquetes de datos transmitidos por los nodos y reportan la relación señal/ruido (SNR) y la tasa de pérdida de paquetes al servidor de red.

Decisión del Servidor de Red: Basado en estos reportes, el servidor de red puede enviar comandos de control de enlace (Link ADR Command) a los nodos. Este comando puede sugerir ajustes en la potencia de transmisión, así como en la velocidad de datos y el número de repeticiones de mensaje.

Cálculo de la Potencia de Transmisión: Si el servidor determina que un nodo puede reducir su potencia de transmisión para mantener una conexión estable mientras conserva energía, enviará un comando especificando la nueva potencia de transmisión. La potencia de transmisión se ajusta en pasos definidos (por ejemplo, en incrementos de 1 dBm), dentro de los límites permitidos por las regulaciones locales.

Implementación por el Nodo: Una vez que el nodo recibe el comando de ADR, ajusta su configuración de potencia de transmisión según lo indicado.

Este mecanismo permite que la red LoRaWAN sea altamente escalable y eficiente energéticamente, adaptándose dinámicamente a las condiciones variables de la red. Es crucial que los dispositivos y la red estén correctamente configurados para utilizar ADR eficazmente, especialmente en entornos donde las condiciones de transmisión pueden cambiar, como en áreas urbanas densas o en aplicaciones móviles.

Capítulo 5
Características avanzadas de LoRaWAN

El objetivo de separar este artículo del anterior es poder dividir tópicos más avanzados, para hacer más legible la lectura y el aprendizaje del lector que recién da sus primeros pasos en el mundo LoRaWAN. De esta manera, un lector más novato puede dejar este capítulo para más adelante, luego de haber reforzado los conocimientos del capítulo anterior.

5.1 Metadata disponible en el Network Server

Según el estándar LoRaWAN, desde el Network Server se puede acceder a varios parámetros y metadatos que proporcionan información valiosa sobre la calidad del enlace, el rendimiento de la red y el comportamiento de los dispositivos finales.

Algunos de estos parámetros incluyen:

SNR (Signal-to-Noise Ratio): El SNR mide la relación entre el nivel de la señal útil y el nivel de ruido de fondo. Es un indicador crucial de la calidad del enlace de comunicación, ya que un SNR alto sugiere una señal clara y distintiva en comparación con el ruido.

Data Rate: La tasa de datos utilizada para la transmisión de un mensaje específico. Esto puede proporcionar información sobre el Spreading Factor (SF) y el ancho de banda (BW) utilizados, lo que a su vez puede indicar la distancia aproximada al gateway y las condiciones del enlace de radio.

Frecuencia de Transmisión: La frecuencia específica en la que se transmitió un mensaje. Esto es importante para el seguimiento del uso del espectro y la adherencia a las regulaciones regionales.

Gateway(s) que Recibieron el Mensaje: Información sobre qué puertas de enlace recibieron el mensaje de un dispositivo final, lo que puede incluir la cantidad de puertas de enlace y sus identidades. Esto es útil para entender la cobertura de la red y la redundancia de la señal.

Ubicación de las Puertas de Enlace: Si las puertas de enlace están equipadas con capacidades de geolocalización, sus ubicaciones pueden ser reportadas junto con los mensajes. Esto puede ayudar a determinar la ubicación aproximada de los dispositivos finales mediante técnicas de trilateración o triangulación.

Timestamps: Las marcas de tiempo de cuándo se recibieron los mensajes en las puertas de enlace y cuando fueron procesados por el Network Server. Esto es esencial para la sincronización y el análisis temporal de los datos.

Contadores de Tramas (Frame Counters): Los contadores de tramas de uplink y downlink indican el número de mensajes enviados y recibidos, respectivamente, lo que es útil para detectar pérdida de mensajes o posibles problemas de seguridad como los ataques de repetición.

ADR (Adaptive Data Rate) Status: Información sobre si ADR está activado para un dispositivo y cómo se están ajustando dinámicamente los parámetros de transmisión, como la tasa de datos y la potencia de transmisión, para optimizar la eficiencia y el rendimiento de la red.

Margen de Enlace (Link Margin): El margen de enlace indica cuánto "margen" tiene la señal por encima del mínimo necesario para una comunicación fiable. Es un buen indicador de la robustez del enlace de comunicación.

Potencia de Transmisión: La potencia con la que se transmitió un mensaje desde un dispositivo final, lo que puede influir en la cobertura y el consumo de energía del dispositivo.

CARACTERÍSTICAS AVANZADAS DE LORAWAN

A continuación podemos ver un ejemplo de esta información, obtenida por un Network Server Chirpstack en producción. Esta data fue obtenida a través de MQTT y se encuentra en formato JSON.

```
{
    "applicationID": "30",
    "applicationName": "YUBOX-Training-Session",
    "deviceName": "YUBOX-C82446A8ACEE",
    "devEUI": "c82446a8acee0000",
    "rxInfo": [
        {
            "gatewayID": "dca63265feadaa88",
            "uplinkID": "5b907985-9728-4f4e-9b10-5ad7c5ca6ebd",
            "name": "gw-yubox22-17",
            "time": "2024-02-08T06:02:55.722505Z",
            "rssi": -78,
            "loRaSNR": 11.2,
            "location": {
                "latitude": -2.29067,
                "longitude": -79.72247,
                "altitude": 31
            }
        },
        {
            "gatewayID": "dca632afed07e54",
            "uplinkID": "d2106b4f-d356-45a1-a9b3-2bd1f56cdfde",
            "name": "gw-yubox22-11",
            "time": "2024-02-08T06:02:55.722511Z",
            "rssi": -104,
            "loRaSNR": 7.8,
            "location": {
                "latitude": -2.31642,
                "longitude": -79.76059,
                "altitude": 34
            }
        }
    ],
    "txInfo": { "frequency": 917200000, "dr": 4 },
    "adr": true,
    "fCnt": 67429,
    "fPort": 2,
    "data": "/w=="
}
```

5.2 FUOTA

FUOTA, que significa Firmware Update Over The Air (Actualización de Firmware por el Aire), permite actualizar el firmware de los dispositivos finales de manera inalámbrica. Es una funcionalidad que ha sido definida (o recomendada) por el LoRa Alliance y se encuentra encima del estándar LoRaWAN, puesto que en el estándar mismo no se contemplan ciertas de las características requeridas para que FUOTA funcione, como por ejemplo los mensajes multicast.

FUOTA es especialmente importante para los dispositivos IoT desplegados en el campo, donde las actualizaciones manuales serían poco prácticas o imposibles debido a su número, ubicación o accesibilidad.

El estándar LoRaWAN aborda FUOTA con un conjunto mecanismos diseñados para facilitar la entrega segura y eficiente de actualizaciones de firmware a los dispositivos finales, considerando las limitaciones inherentes de LoRaWAN, como el bajo ancho de banda y el alto costo energético asociado con la transmisión de grandes cantidades de datos.

Nota: *El documento mencionado arriba es el "FUOTA Process Summary Technical Recommendation", publicado por la LoRa Alliance*

CARACTERÍSTICAS AVANZADAS DE LORAWAN

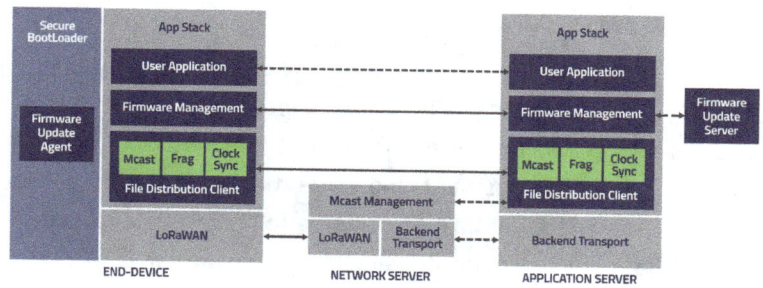

Figura 5.1: Esquema general para FUOTA propuesto por Lora Alliance

Aspectos Clave de FUOTA en LoRaWAN

Fragmentación: Debido al bajo ancho de banda y al tamaño limitado del payload en LoRaWAN, los archivos de actualización de firmware, que pueden ser bastante grandes, deben fragmentarse en paquetes más pequeños para su transmisión. El dispositivo final luego reensambla estos fragmentos para reconstruir el firmware completo.

Multicast: Para mejorar la eficiencia y reducir el consumo de energía y el uso del espectro, FUOTA a menudo utiliza transmisiones multicast, permitiendo que múltiples dispositivos finales reciban la misma actualización de firmware simultáneamente.

Seguridad: La integridad y autenticidad de las actualizaciones de firmware son críticas para evitar la instalación de firmware malicioso. FUOTA incluye mecanismos de seguridad, como el cifrado y la verificación de firmas, para asegurar que solo las actualizaciones autorizadas y auténticas sean aplicadas.

Gestión de Energía: Dado que muchos dispositivos LoRaWAN son alimentados por baterías, FUOTA está diseñada para minimizar el consumo de energía durante el proceso de actualización, por ejemplo, permitiendo que los dispositivos permanezcan en modo de bajo consumo hasta que sea necesario recibir o procesar los datos de la actualización.

Recuperación de Errores: El estándar incluye mecanismos para detectar y recuperar paquetes perdidos o corruptos durante la transmisión, asegurando que el firmware completo y sin errores pueda ser reconstruido por el dispositivo final.

Compatibilidad con Versiones: FUOTA debe ser capaz de manejar dispositivos con diferentes versiones de hardware y firmware, permitiendo actualizaciones selectivas y compatibilidad con versiones anteriores.

Hasta aquí, creo que es oportuno graficar una distinción entre lo que significa multicast versus lo que significa broadcast, y por qué no, también con respecto a unicast, que es lo que usualmente hacen los downlinks de LoRaWAN.

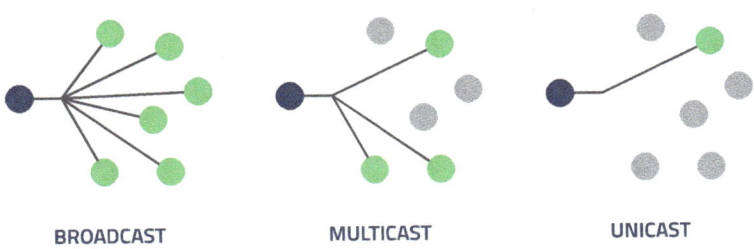

Figura 5.2: Tipos de comunicación en redes

Nota: Es importante mencionar que la recomendación de FUOTA es implementada a nivel de aplicación y no modifica por lo tanto ningún aspecto del estándar LoRaWAN, por lo que es perfectamente compatible con cualquier implementación operativa existente. Eso sí, hay que tener en cuenta que el Network Server usado debe soportar multicast.

Procedimiento resumido

1. **Preparación del firmware:** En el Firmware Update Server se prepara el firmware dividiéndolo en paquetes más pequeños para que puedan ser transmitidos por la red LoRaWAN, a este proceso se llama fragmentación.

2. **Cambio de clase coordinado:** Como la transmisión downlink necesaria para descargar un firmware es costosa en términos de tiempo y ancho de banda, los dispositivos deben ser coordinados para cambiarse de Clase A (suponiendo que estén allí), a Clase B o C. Por ejemplo, como ya hemos visto antes, en Clase C existe una ventana de recepción bastante holgada desde el punto de vista del nodo. Sin embargo, este cambio no puede ser arbitrario, se debe coordinar en un tiempo y fecha específicos.

3. **Configuración de la fragmentación:** Como mencionamos antes, un firmware es muy grande como para ser enviado en una sola transmisión LoRaWAN y debe ser dividido en varios paquetes. La manera de hacerlo se ha definido en el documento "LoRaWAN Fragmented Data Block Transport Specification"

4. **Distribución de paquetes de firmware:** Una vez fragmentado el firmware, el Firmware Update Server distribuye los paquetes a través de la red LoRaWAN hacia los dispositivos seleccionados para la actualización. Cada paquete incluye metadatos importantes, como la identificación del firmware, la versión, la firma digital y la secuencia de fragmentos, para garantizar la integridad y autenticidad de los datos durante la transmisión.

5. **Recepción y validación de los paquetes de firmware:** Los dispositivos receptores reciben los paquetes de firmware a través de la red LoRaWAN. Luego, validan la autenticidad e integridad de cada paquete utilizando los metadatos proporcionados. Si se detecta algún problema, se solicita nuevamente el paquete afectado.

6. **Almacenamiento de los paquetes de firmware:** Una vez validados, los paquetes de firmware se almacenan temporalmente en la memoria del dispositivo, preparándose para la instalación.

7. **Instalación del firmware:** Una vez que todos los paquetes de firmware han sido recibidos y validados, los dispositivos proceden a instalar la actualización. Esto implica ensamblar los paquetes de firmware fragmentados en una única imagen de firmware y cargarla en la memoria del dispositivo.

8. **Verificación de la instalación:** Después de la instalación, se verifica la integridad de la actualización del firmware para garantizar que se haya realizado correctamente.

9. **Cambio de clase a la clase original:** Una vez completada la actualización del firmware, los dispositivos pueden

CARACTERÍSTICAS AVANZADAS DE LORAWAN

coordinar nuevamente un cambio de clase si fuera necesario volver a su configuración original. Este cambio, al igual que el inicial, debe ser coordinado y puede requerir una ventana de tiempo específica.

Figura 5.3: Intercambio de mensajes en una transmisión FUOTA

5.3 Roaming

El roaming en LoRaWAN se refiere a la capacidad de los dispositivos finales para comunicarse con una red distinta a su red de origen, permitiendo así la movilidad de los dispositivos entre diferentes coberturas de red y la interoperabilidad entre operadores de red. El concepto de roaming es crucial para aplicaciones donde los dispositivos necesitan operar en múltiples regiones geográficas o dentro de áreas cubiertas por diferentes redes LoRaWAN.

Estándares de Roaming en LoRaWAN

La LoRa Alliance, que es el organismo que supervisa el desarrollo del estándar LoRaWAN, ha definido especificaciones para el roaming en LoRaWAN, incluyendo los mecanismos para el roaming pasivo y el roaming activo.

Roaming Pasivo

El roaming pasivo es el enfoque más simple para el roaming en LoRaWAN y se basa en la idea de que las puertas de enlace (gateways) pueden reenviar los mensajes de los dispositivos finales a múltiples servidores de red (Network Servers). En el roaming pasivo:

- Las puertas de enlace reenvían los mensajes de uplink de los dispositivos finales a su propio servidor de red y también a los servidores de red de otras redes con las que tienen acuerdos de roaming.
- El servidor de red que reconoce el dispositivo (porque el dispositivo está registrado en esa red o tiene un acuerdo

de roaming) procesará el mensaje y, si es necesario, enviará un mensaje de downlink de vuelta al dispositivo a través de la puerta de enlace.

- El roaming pasivo no requiere que los dispositivos finales o las puertas de enlace realicen ninguna operación especial de roaming.

Roaming Activo

El roaming activo introduce una comunicación más directa y controlada entre los servidores de red involucrados en el roaming, permitiendo una coordinación más compleja pero también ofreciendo más control y funcionalidades. En el roaming activo:

- Se establece una comunicación directa entre el servidor de red "local" (la red en la que se encuentra actualmente el dispositivo) y el servidor de red "de origen" (la red a la que originalmente pertenece el dispositivo).
- Los mensajes de uplink y downlink se intercambian entre los servidores de red a través de interfaces de roaming definidas en las especificaciones LoRaWAN.
- El roaming activo permite una mejor gestión de los mensajes de downlink, la sincronización de contadores de tramas y otras funcionalidades avanzadas.

Consideraciones para el Roaming

Acuerdos de Roaming: Para que el roaming funcione, debe haber acuerdos entre los operadores de las redes involucradas, incluyendo aspectos como el intercambio de datos, la seguridad y la facturación.

Compatibilidad de Frecuencias: Los dispositivos deben ser capaces de operar en las bandas de frecuencia utilizadas por la red en la que se encuentran durante el roaming, lo cual puede variar de una región a otra.

Seguridad: La seguridad es una consideración crucial en el roaming, especialmente para garantizar que los mensajes entre servidores de red y entre servidores de red y dispositivos finales estén debidamente autenticados y cifrados.

5.4 Geolocalización

La geolocalización con LoRaWAN se basa en el uso de la tecnología LoRa para determinar la ubicación de dispositivos sin necesidad de GPS, lo que ofrece una solución eficiente en términos de energía y costos para redes de área amplia de baja potencia (LPWAN). Esta funcionalidad se soporta mediante dispositivos finales LoRaWAN existentes, eliminando costos adicionales y sin requerir más potencia de procesamiento.

Una implementación práctica de esta tecnología utiliza la técnica de Diferencia de Tiempo de Llegada (TDOA), donde un dispositivo LoRa envía un paquete de datos que es recibido y marcado con un sello de tiempo por varias puertas de enlace. Estos sellos de tiempo se envían a la nube, donde se utilizan para calcular la ubicación del dispositivo con una precisión que generalmente se encuentra dentro de los 75-150 metros. Esta precisión puede variar según las condiciones del canal de radio, la línea de vista, las condiciones de multipath y el número de puertas de enlace que reciben la señal.

CARACTERÍSTICAS AVANZADAS DE LORAWAN

Figura 5.4: Geolocalización en LoRaWAN

En la práctica, la geolocalización LoRaWAN se implementa mediante multilateración, utilizando señales con marcas de tiempo provenientes de tres o más puertas de enlace LoRaWAN. Estas señales ayudan a convertir la Diferencia de Tiempo de Llegada (TDOA) en la distancia entre las puertas de enlace y el dispositivo IoT, obteniendo así su ubicación. Este enfoque no solo es fácil de implementar y ejecutar, sino que también permite que cada sensor y dispositivo final IoT de LoRaWAN se localice potencialmente sin la necesidad de agregar un módulo GPS costoso al dispositivo, optimizando dramáticamente el consumo de energía y reduciendo el costo del hardware del dispositivo.

5.5 LoRaWAN Relay

Relay o "retransmisor" es un dispositivo que actúa como un intermediario en la transmisión de mensajes entre los nodos finales y la infraestructura de la red LoRaWAN. Se utiliza para extender la cobertura en ambientes donde no es conveniente/rentable instalar más gateways.

Gracias a esta característica, algunos nodos que se encuentran más allá de la cobertura del gateway aún pueden comunicarse, utilizando a su vez otros dispositivos (que denominaremos Nodos Relay) para enviar sus mensajes.

Nota: Los Nodos Relay no cumplen la función de nodos regulares. Sólo se encargan de pasar los mensajes de los nodos cercanos a el gateway. Por lo tanto, no hay que confundirse pensando que esta es una infraestructura de red mesh. Tampoco hay que pensar que puedo aprovechar un nodo regular para hacer relay.

LoRa Alliance ha publicado el documento "LoRaWAN Relay Specification" donde se especifican las recomendaciones para hacer Relay sobre una red LoRaWAN.

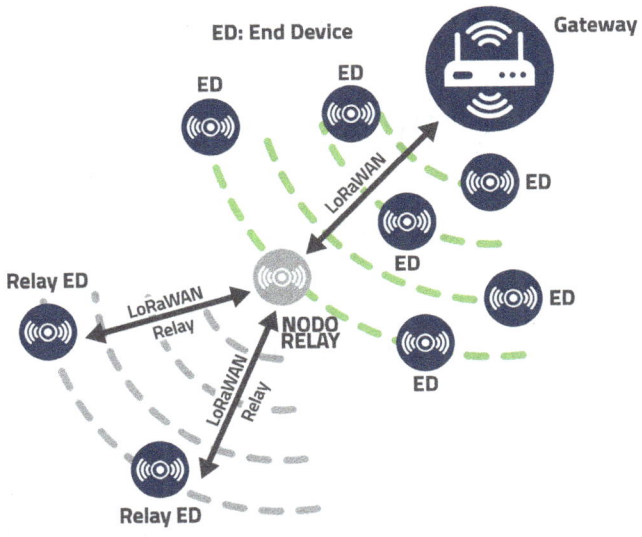

Figura 5.5: Relay en LoRaWAN

El primer reto a solventar (para implementar Relay) es despertar al nodo que tiene que reenviar los paquetes (el Nodo Relay). Esto es debido a que, en muchos casos, los nodos pasan la mayor parte del tiempo dormidos (hibernación). Es decir, los nodos, para ahorrar batería normalmente se encuentran en un estado de bajo consumo de batería hasta que les toca transmitir. Por lo tanto, para implementar el Relay es necesario "despertar" al Nodo Relay.

Para este fin se utiliza una técnica denominada WOR (Wake On Radio), que se utiliza en dispositivos de comunicación inalámbrica para optimizar el consumo de energía. Al combinar WOR con LoRaWAN los Nodos Relay pueden configurarse para despertarse en intervalos programados para verificar si hay señales de radio que indiquen que necesitan realizar alguna acción, como transmitir datos recopilados o recibir instrucciones. Fuera de estos intervalos, el dispositivo puede volver a un estado de sueño profundo para conservar energía.

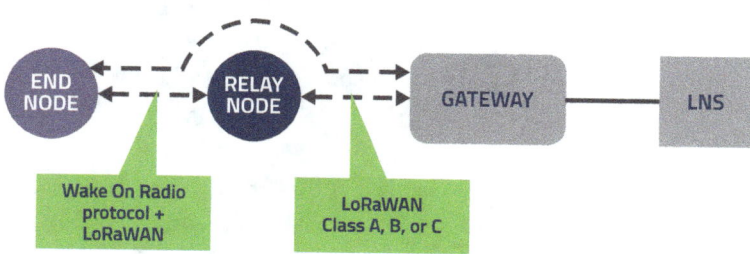

Figura 5.6: Mensaje WOR para "despertar" al nodo Relay

El WOR se implementa simplemente incrementando el tamaño del preámbulo de la modulación LoRa, llegando a ser tan largo como un segundo. De este modo, el dispositivo Relay, tiene alta probabilidad que al despertarse detecte la señal de WOR si está siendo transmitida.

Capítulo 6
LoRaWAN en la práctica

6.1 Redes públicas

Existen redes públicas mantenidas por diversas organizaciones, la comunidad, operadores de telecomunicaciones, o consorcios, y están disponibles para que los usuarios finales conecten sus dispositivos IoT sin la necesidad de desplegar su propia infraestructura de red. Las redes públicas LoRaWAN ofrecen cobertura en áreas específicas, que pueden variar desde pequeñas regiones hasta coberturas nacionales o incluso internacionales. Aquí les contaré de un par de ellas

The Things Network (TTN):

Es una de las redes LoRaWAN públicas más conocidas y accesibles, con una comunidad global y una infraestructura de red colaborativa. TTN permite a los individuos y organizaciones conectar dispositivos LoRaWAN y contribuir a la red agregando sus propias puertas de enlace.

Esta red comenzó en 2015 en Países Bajos, con el objetivo de construir una red descentralizada e inclusiva para el Internet de las Cosas (IoT) utilizando la tecnología LoRaWAN. Pronto la idea se expandió a más países y actualmente su cobertura es global. Conectar un dispositivo a esta red es relativamente sencillo y no tiene costo.

Sitio Web: thethingsnetwork.org

Figura 6.1: Cobertura actual de la red TTN, según la herramienta TTN Mapper

Helium

Helium, fundado en 2013, comenzó con la visión de crear una red de IoT descentralizada y de cobertura masiva. Helium introduce un modelo innovador utilizando blockchain y un sistema de incentivos basado en criptomonedas para fomentar la expansión de su red.

En esencia, cualquiera puede ayudar a expandir la red conectando un gateway, pero a diferencia de TTN en Helium existe un incentivo. Cada vez que el gateway da servicio a los nodos, se obtiene en pago una criptomoneda.

Sitio Web: helium.com

IoTodos

En 2021 comencé a desarrollar una red de telemetría basada en LoRaWAN con el afán de desplegarla en latinoamérica. La red se ha expandido en Ecuador, cubriendo el litoral del país con 32 antenas hasta la fecha (Febrero, 2024). La idea es unir esfuerzos con otras redes regionales para expandir su cobertura. A pesar de ser un proyecto en progreso, actualmente es funcional y gratuito.

Sitio Web: iotodos.org

6.2 Construyendo un gateway LoRaWAN

Construir un gateway LoRaWAN con un Raspberry Pi es un proyecto interesante que nos permite conectarnos a dispositivos LoRa en un área amplia. A continuación explico el proceso paso a paso.

Componentes necesarios

- **Raspberry Pi:** Modelo 4 o 5 debería funcionar bien para este propósito. Recientemente se ha lanzado la versión 5, funciona bien, pero la mayoría de experimentos relacionados con este libro, han sido realizados utilizando la versión 4.

- **Concentrador LoRa/Gateway LoRa:** Un módulo como el RAK2245 (este es el modelo que estamos utilizando en este laboratorio), el Dragino LoRa/GPS HAT, o el nuevo RAK5146 son algunos modelos de concentradores que se pueden utilizar para este gateway basado en Raspberry Pi. Estos módulos suelen venir con antenas.

- **Tarjeta SD:** Para el sistema operativo (SO) y el almacenamiento de datos. Se recomienda una tarjeta de al menos 16 GB.

- **Fuente de alimentación:** Asegúrate de tener una fuente de alimentación adecuada para tu Raspberry Pi.

- **Antena LoRa:** Generalmente incluida con el concentrador LoRa. Es crucial para la comunicación de largo alcance.

- **Carcasa (opcional):** Para proteger tu Raspberry Pi y el concentrador LoRa.

Preparación del hardware

- **Montar el concentrador LoRa en el Raspberry Pi:** Se conecta el concentrador LoRa al GPIO del Raspberry Pi siguiendo las instrucciones del fabricante. Ver figura 6.2.
- **Conexión de la antena LoRa:** Tenemos que asegurarnos de que esté bien atornillada y segura.
- Fuente de alimentación y otros periféricos como teclado, ratón y monitor son necesarios para la configuración inicial.

Figura 6.2: Donde se muestra el montaje del concentrador sobre un RPi 4.

Configuración del Software

- **Sistema operativo:** En este caso vamos a descargar una versión de sistema operativo Linux, ya con todos los paquetes de software necesarios y recomendado por el fabricante del concentrador RAK2245. Dependiendo del concentrador que estemos usando, este firmware (así lo llama el fabricante) puede ser diferente. También podemos instalar la distro Linux Raspbian u otra distribución y sobre este sistema operativo instalar todos los paquetes necesarios para soportar el concentrador y además el software de gateway necesario. Sin embargo, esto es más laborioso y va más allá del alcance de este ejercicio.

- **Quemar el SO en la tarjeta SD:** Para "quemar" este firmware en la tarjeta microSD, que servirá como una suerte de disco duro para el dispositivo Raspberry Pi, utilizaremos un programa especializado. Existen algunos "flashers" en el mercado, pero aquí usaremos uno denominado Balena Etcher, que de paso es gratuito.

- **Encender el gateway:** Luego de insertar la tarjeta microSD en el Raspberry Pi, encendemos el dispositivo por primera vez.

Nota: El vínculo para descargar el firmware para el concentrador RK2245 que hemos usado en el presente ejercicio se encuentra en la siguiente ruta: https://downloads.rakwireless.com/LoRa/RAK2245-Pi-HAT/Firmware/RAK2245_Latest_Firmware.zip

Configuración de Red

- **Configura tu conexión a Internet:** Conecta tu Raspberry Pi a Internet a través de Wi-Fi o Ethernet.
- **Accede a tu Raspberry Pi:** Puedes hacerlo directamente a través de un monitor y un teclado o remotamente a través de SSH.

Registro del Gateway

Registra tu gateway en una red LoRaWAN: Regístrate en una red LoRaWAN como The Things Network (TTN), ChirpStack o una red LoRaWAN privada (Ya veremos cómo instalar un Network Server propio a continuación). Necesitarás ingresar detalles como la dirección EUI del gateway, que suele estar impresa en el concentrador LoRa o se puede encontrar en el software del gateway.

Pruebas y Uso

Conecta un dispositivo LoRa a tu gateway para probar la conexión. Puedes utilizar un nodo LoRa simple y enviar mensajes para ver si llegan al servidor de la red LoRaWAN.

Utiliza las herramientas proporcionadas por la red LoRaWAN para monitorear la salud y el tráfico de tu gateway.

6.3 Instalando un Network Server

ChirpStack es un software de código abierto que sirve para implementar un Network Server LoRaWAN. Se puede decir que es el Network Server más popular en la actualidad.

La arquitectura de ChirpStack se compone de varios componentes clave que trabajan juntos para gestionar la red LoRaWAN:

Gateway Bridge: Actúa como un puente entre las puertas de enlace LoRaWAN (gateways) y la red ChirpStack. Convierte los protocolos utilizados por las puertas de enlace en un protocolo que ChirpStack puede procesar y viceversa.

Network Server: Es el corazón de la pila de software, encargado de gestionar la red LoRaWAN. Realiza funciones como el manejo de las sesiones de los dispositivos, el control de la tasa de datos, la programación de los mensajes de downlink y el aseguramiento de la integridad y autenticidad de los mensajes.

Join Server: Chirpstack trae embebido un join server, aunque también puede trabajar con un Join Server externo, a través de sus APIs.

Servidor de Aplicaciones: Proporciona la interfaz de integración para las aplicaciones finales. Este componente se encarga de descifrar los datos de la carga útil de los dispositivos y reenviar estos datos a las aplicaciones finales a través de integraciones como HTTP, MQTT o WebSockets. También permite el envío de comandos de downlink a los dispositivos.

Geolocation Server: (Opcional) Proporciona servicios de geolocalización utilizando los metadatos de las señales de RF recibidas por las puertas de enlace, lo que permite determinar la ubicación de los dispositivos sin necesidad de GPS.

Instalación de Chirpstack

La manera más sencilla de instalar Chirpstack es a través de la herramienta Docker. Docker nos permite implementar el concepto de microservicios, que vienen a ser una suerte de contenedores minimalistas donde podemos alojar aplicaciones. Algo interesante de Docker es que es multiplataforma, entonces, resulta muy fácil migrar estos contenedores a otras plataformas con otros sistemas operativos.

En todo caso, hay mucha documentación acerca de Docker disponible en la Web y sus beneficios son mayúsculos.

El propio equipo de Chirpstack nos proporciona una guía rápida para instalarlo a través de Docker. Nos basaremos en esta misma guía.

https://www.chirpstack.io/docs/getting-started/docker.html

El despliegue con Docker es tan sencillo, que en pocos minutos terminamos con un Network Server totalmente listo para producción.

Lo primero que tenemos que hacer es asegurarnos que tenemos instalado Docker y la herramienta Docker Compose en nuestra máquina. Luego de eso descargamos los archivos de configuración necesarios, desde la línea de comandos:

```
git clone https://github.com/chirpstack/chirpstack-docker.git
```

El comando anterior nos descargará los archivos de configuración, necesarios para que la herramienta Docker Compose sepa cómo levantar nuestros contenedores. Descargará todos estos archivos dentro de una carpeta llamada chirpstack-docker. Por lo tanto, luego de que el comando anterior termine su ejecución, ingresamos a dicha carpeta.

```
cd chirpstack-docker/
```

Dentro de esta carpeta encontraremos varios archivos, no hace falta entrar en muchos detalles ahora, pero explicaremos brevemente de qué se trata lo más importante.

- **docker-compose.yml:** el archivo de configuración que le dice a Docker Compose cómo crear los contenedores con los microservicios

- **configuration/chirpstack:** directorio que contiene los archivos de configuración de ChirpStack

- **configuration/chirpstack-gateway-bridge:** directorio que contiene la configuración del Chirpstack Gateway Bridge

- **configuration/mosquitto:** directorio que contiene la configuración de Mosquitto (broker MQTT)

- **configuration/postgresql/initdb/:** directorio que contiene los scripts de inicialización de la base de datos PostgreSQL

El último paso para levantar los contenedores docker es ejecutar el siguiente comando.

```
sudo docker-compose up -d
```

Cuando el comando anterior finalice todos los contenedores con los distintos microservicios deberían encontrarse en ejecución.

A continuación un listado de todos los contenedores que desplegó y levantó la herramienta Docker Compose.

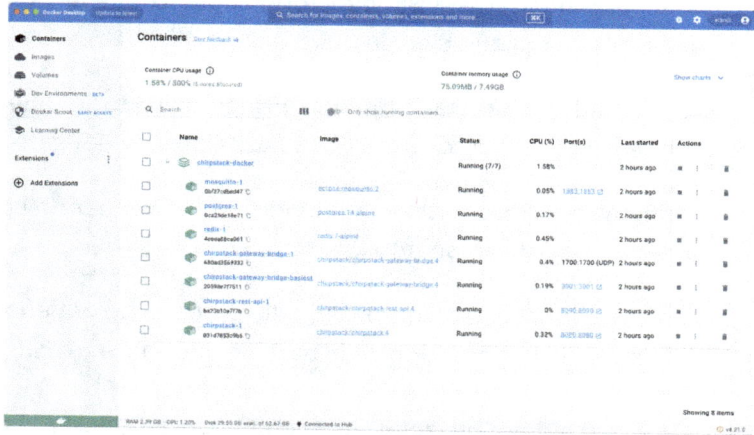

Figura 6.3: GUI para Docker mostrando los contenedores levantados

En este punto ya tenemos nuestro Network Server ejecutándose, el cual está organizado en los siguientes microservicios:

mosquitto: Este es un contenedor para Mosquitto, que es un broker de mensajes MQTT. Mosquitto actúa como el intermediario que permite la comunicación con diferentes dispositivos que quieran consumir los mensajes enviados por los nodos. Por ejemplo, el servidor de aplicaciones (según la arquitectura LoRaWAN) puede utilizar MQTT para su comunicación.

postgres: Este contenedor ejecuta PostgreSQL, que es un sistema de base de datos relacional. En el contexto de ChirpStack, se usa para almacenar toda la información de la red, como los dispositivos, datos de telemetría y eventos.

redis: Redis es una base de datos en memoria que se utiliza para tareas como la gestión de colas y el almacenamiento en caché. En ChirpStack, se utiliza para manejar el estado del dispositivo y los datos de la sesión, lo que permite un acceso rápido a esta información.

chirpstack-gateway-bridge: Este contenedor ejecuta el ChirpStack Gateway Bridge, que es responsable de convertir el tráfico de radio de LoRaWAN recibido por los gateways de LoRa en mensajes MQTT y enviarlos al broker MQTT (Mosquitto).

chirpstack-rest-api: Este servicio proporciona una API REST para ChirpStack, lo que permite la integración con otros servicios y aplicaciones, y el control programático del servidor ChirpStack.

chirpstack: Este es el contenedor principal de ChirpStack, el servidor de red LoRaWAN que maneja la lógica central de la red, incluyendo la administración de dispositivos, el manejo de los datos de telemetría y eventos, y la implementación de las políticas de la red LoRaWAN. Este contenedor expone el puerto 8080 a través de un servidor Web, con el objetivo de proporcionar un GUI para administración.

Ahora, ha llegado el momento de comenzar a usar nuestro Network Server!

Para administrar Chirpstack usamos su interfaz Web. Para esto visitamos, con un navegador, la dirección *http://localhost:8080*, si es que nos encontramos en la misma máquina, es decir, si hemos instalado con un Docker local; pero si hemos instalado en una máquina sin interface gráfica, tenemos que reemplazar "localhost" con la dirección IP de la máquina donde hemos instalado el Chirpstack.

La primera vez que accedemos a Chirpstack usaremos el usuario admin y clave admin. Lo primero que haremos, por razones obvias de seguridad, será reemplazar estas credenciales por unas más seguras.

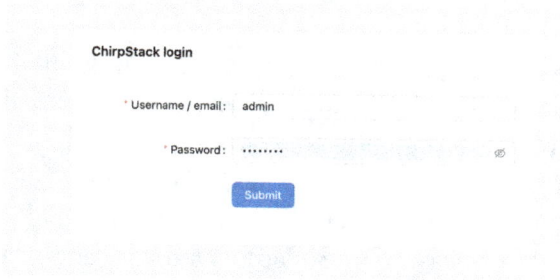

Figura 6.4: Pantalla de ingreso a Chirpstack

No voy a explicar con detalle todas las opciones con las que viene Chirpstack, que de paso hay que decir que es muy completo, pero sí vale la pena mencionar que es Multi-Tenant. Es decir, que un mismo Network Server me puede servir para administrar más de una red LoRaWAN.

Figura 6.5: Dashboard principal de Chirpstack

Tal como lo hemos instalado Chirpstack viene prácticamente listo para usar. De hecho, muchos archivos de configuración ya se encuentran instalados dentro del directorio /etc/chirpstack/ en el contenedor llamado "chirpstack". Esto es bastante cómodo y es una ventaja adicional de la instalación usando Docker.

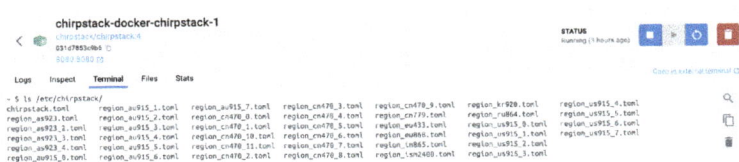

Figura 6.6: Archivos de configuración que vienen con Chirpstack

En este punto ya el usuario puede experimentar añadiendo algunos gateways, que se conectarán a este Network Server para gestionar su funcionamiento en la red LoRaWAN.

Figura 6.7: Añadiendo el primer gateway

Capítulo 7
Tecnologías y herramientas del lado de la aplicación

En este capítulo se cubrirán otras tecnologías o herramientas que, de la mano con LoRaWAN, nos permiten construir una solución completa y funcional del lado del usuario. ¿Recuerdan el diagrama de la arquitectura de red LoRaWAN donde se mostraba, a la derecha, el servidor de Aplicaciones?. Pues bueno, el Servidor de Aplicaciones puede ser cualquier cosa, pero aquí explicaremos la implementación más común.

Hasta ahora nos hemos concentrado en la red LoRaWAN como tal, pero no tenemos mucha idea cómo interactuar con los datos que llegan a través de la red. En este capítulo se explicará una implementación común para que los usuarios puedan visualizar, de manera útil, la información proveniente de una red de sensores LoRaWAN.

LoRaWAN como estándar no especifica los componentes que deben ir dentro del Servidor de Aplicaciones, por lo que están a libre elección del usuario. Aquí explicaremos un caso típico, pero existen muchísimas más formas de implementarlo.

A continuación un diagrama donde se muestran algunos componentes típicos dentro de un Servidor de Aplicaciones.

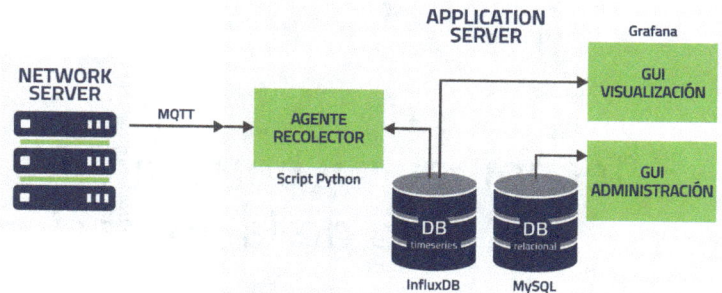

Figura 7.1: Componentes en una implementación típica de Servidor de Aplicaciones

7.1 MQTT

La comunicación entre el Servidor de Aplicaciones y el Network Server se realiza comúnmente a través del protocolo MQTT. Al menos si usamos Chirpstack esto será así y facilita muchas cosas.

MQTT (Message Queuing Telemetry Transport) es un protocolo de mensajería ligero y basado en publicación/suscripción, diseñado para dispositivos de Internet de las Cosas (IoT) con recursos limitados y en redes con ancho de banda bajo y latencias altas o variables.

Los dispositivos pueden publicar datos a través de ChirpStack, que a su vez los reenvía a las aplicaciones suscritas a través de MQTT, facilitando la integración de datos IoT en aplicaciones y servicios.

Tópicos

Un "tópico" (topic) en MQTT es una cadena de texto utilizada por el protocolo para filtrar mensajes y determinar cómo se distribuyen entre los dispositivos conectados a la red. Los tópicos en MQTT juegan un papel crucial en el modelo de publicación/suscripción del protocolo, permitiendo que los mensajes sean enviados y recibidos de manera eficiente y organizada.

Características de los Tópicos en MQTT:

Estructura Jerárquica: Los tópicos en MQTT están estructurados de manera jerárquica, similar a la estructura de un sistema de archivos, utilizando barras ("/") como delimitadores. Por ejemplo, un tópico podría ser "casa/sala/temperatura", donde "casa" es el nivel más alto, "sala" es un subnivel y "temperatura" es un subnivel más específico dentro de "sala".

Publicación a Tópicos: Cuando un dispositivo (publicador) quiere enviar un mensaje, lo hace publicando el mensaje en un tópico específico. El broker MQTT entonces distribuye ese mensaje a todos los clientes que se han suscrito a ese tópico.

TECNOLOGÍAS Y HERRAMIENTAS DEL LADO DE LA APLICACIÓN

Suscripción a Tópicos: Los dispositivos o aplicaciones (suscriptores) que deseen recibir mensajes sobre un tema específico se suscriben al tópico correspondiente a través del broker MQTT. Una vez suscritos, recibirán todos los mensajes que se publiquen en ese tópico.

Comodines: MQTT permite el uso de comodines en las suscripciones a tópicos para permitir la flexibilidad en la recepción de mensajes. El signo más ("+") se usa como comodín para un solo nivel de la jerarquía, y el signo numeral ("#") se utiliza como comodín para todos los niveles subsiguientes. Por ejemplo, suscribirse a "casa/+/temperatura" recibiría mensajes de tópicos como "casa/sala/temperatura" y "casa/cocina/temperatura", mientras que "casa/#" capturaría todos los mensajes bajo el tópico "casa".

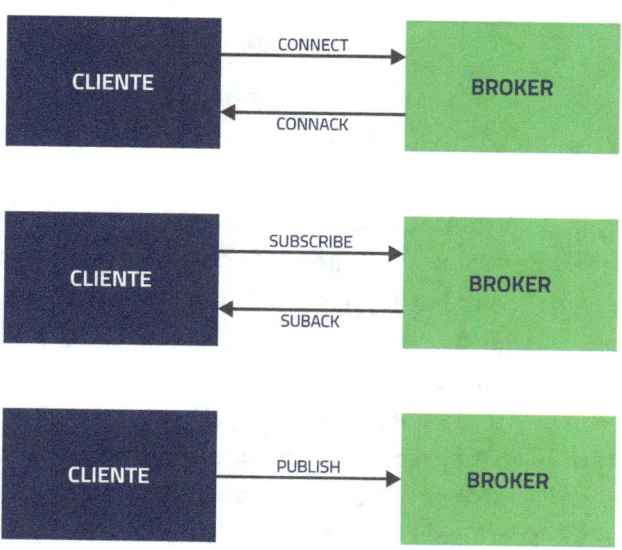

Figura 7.2: Mensajes MQTT

Intercambio de Mensajes en MQTT

La publicación y suscripción son conceptos fundamentales en el protocolo MQTT (Message Queuing Telemetry Transport), que es un protocolo de mensajería ligero diseñado para dispositivos IoT en redes con ancho de banda limitado y condiciones de red variables. Estos conceptos forman la base del modelo de comunicación de MQTT, que es altamente escalable y eficiente para la distribución de mensajes en dispositivos conectados.

Publicación (Publish)

Publicar en el contexto de MQTT significa enviar un mensaje a un tema específico en el broker MQTT. Un "tema" es una cadena de texto que el broker utiliza para filtrar los mensajes y determinar a qué clientes suscritos debe entregarlos. Cualquier cliente conectado al broker puede publicar mensajes en cualquier tema, siempre y cuando tenga los permisos adecuados.

La publicación se utiliza cuando un dispositivo o aplicación desea compartir información con otros dispositivos o aplicaciones. Por ejemplo, un sensor de temperatura podría publicar regularmente lecturas de temperatura en un tema específico como "casa/sala/temperatura".

Suscripción (Subscribe)

Suscribirse en MQTT significa expresar interés en uno o más temas. Un cliente MQTT se suscribe a un tema a través del broker, y a partir de ese momento, el broker le enviará todos los mensajes que se publiquen en ese tema.

TECNOLOGÍAS Y HERRAMIENTAS DEL LADO DE LA APLICACIÓN

La suscripción se utiliza cuando un dispositivo o aplicación necesita recibir información de otros dispositivos o aplicaciones. Por ejemplo, un sistema de gestión de climatización puede suscribirse al tema "casa/sala/temperatura" para recibir actualizaciones de temperatura y ajustar el sistema de calefacción o refrigeración según sea necesario.

Clientes MQTT

Para trabajar con MQTT existen varios clientes MQTT gratuitos y multiplataforma. En lo personal recomiendo MQTT Explorer, el software es estable, tiene un GUI bastante funcional y es ampliamente usado en la comunidad IoT.

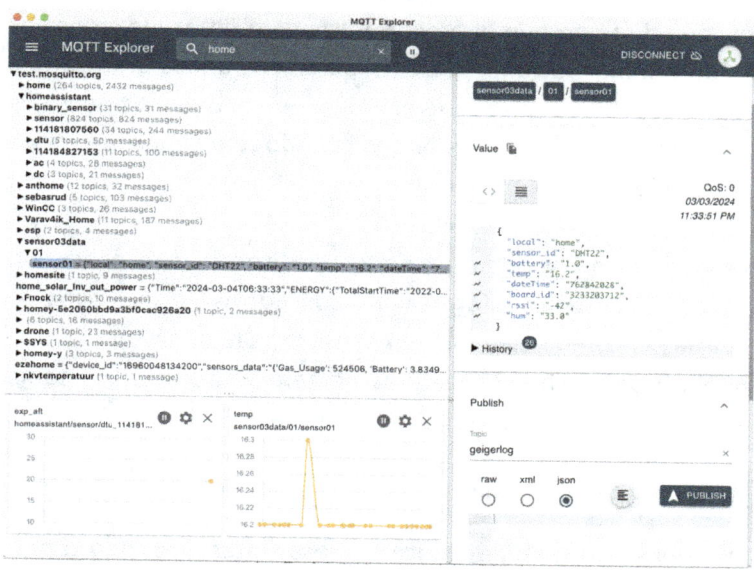

Figura 7.3: Software MQTT Explorer disponible para varios S.O.

7.2 Agente Recolector (Python)

Le he dado el nombre de Agente Recolector a un script de Python que se ejecuta constantemente (daemon) y se encuentra suscrito a los tópicos MQTT de interés. La labor principal de este programa es la de guardar estas muestras en la base de datos InfluxDB, porque caso contrario, las muestras se perderán.

En el apéndice A se muestra un código minimalista de ejemplo, que puede servir de guía para una implementación.

7.3 Base de datos de series de tiempo (InfluxDB)

Una base de datos de series de tiempo es un tipo de base de datos optimizada para almacenar y manejar datos que cambian o se actualizan con el tiempo. Estos datos, conocidos como series temporales, consisten en secuencias de puntos de datos recogidos o registrados en intervalos de tiempo regulares o irregulares, como sucede típicamente con sensores IoT conectados a una red LoRaWAN. Lo que distingue a las bases de datos de series temporales de otros tipos de bases de datos es su capacidad para gestionar eficientemente grandes volúmenes de este tipo de datos, proporcionar consultas rápidas basadas en el tiempo y optimizar el almacenamiento de datos que cambian con el tiempo.

TECNOLOGÍAS Y HERRAMIENTAS DEL LADO DE LA APLICACIÓN

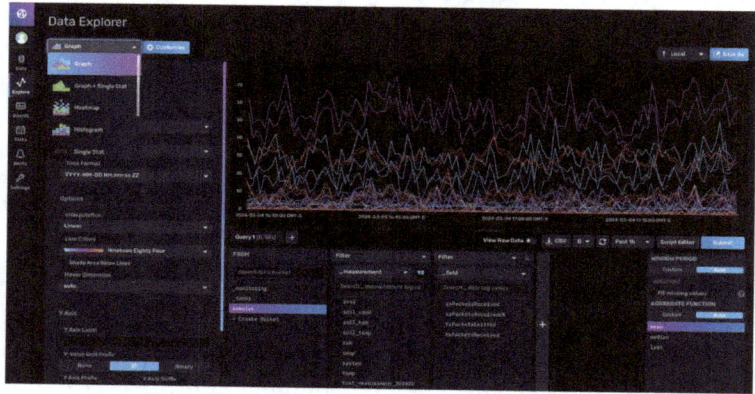

Figura 7.4: Interfaz Web de InfluxDB

InfluxDB es una base de datos de series temporales de código abierto diseñada para manejar altas cargas de escritura y consulta de datos en tiempo real. La elegimos aquí porque tiene una versión de código abierto, con buena documentación y una interesante interfaz Web de administración. Está optimizada para el almacenamiento rápido y eficiente de series temporales de datos, eventos o métricas, en especial mediciones de sensores, datos de rendimiento de aplicaciones, indicadores financieros, entre otros.

Una de las características clave de InfluxDB es su capacidad para gestionar enormes volúmenes de datos que se generan en intervalos de tiempo regulares o irregulares, manteniendo un rendimiento óptimo. Esto la hace particularmente adecuada para aplicaciones en monitoreo de rendimiento, análisis de IoT, aplicaciones en tiempo real y mucho más.

Quizás la única desventaja que se me ocurre de utilizar InfluxDB sea la curva de aprendizaje. InfluxDB, al igual que otras bases de datos de series temporales usa dos lenguajes de consultas propios: uno llamado InfluxQL y otro más reciente llamado Flux. Es necesario aprender estos lenguajes si queremos interactuar de manera eficiente con esta base de datos.

Con su arquitectura escalable, InfluxDB es capaz de soportar desde pequeños proyectos hasta grandes empresas que requieren alta disponibilidad y capacidades de clúster, lo que la convierte en una solución robusta y versátil para el manejo de datos de series temporales en diversos contextos.

Otras alternativas a InfluxDB

Existen muchas otras opciones de bases de datos de series de tiempo además de InfluxDB, mencionaremos a continuación las más populares y que cuenten con soporte para integrarse con la herramienta de visualización que veremos más adelante (Grafana).

Prometheus: Prometheus es un sistema de monitoreo y alertas de código abierto diseñado principalmente para aplicaciones de monitoreo en entornos de microservicios. Utiliza un modelo de datos multidimensional y un lenguaje de consulta flexible, lo que lo hace adecuado para el manejo de series temporales en contextos de monitoreo de sistemas y aplicaciones. Prometheus es particularmente conocido por su modelo de extracción de datos, donde el servidor extrae métricas de los targets configurados a intervalos específicos.

TimescaleDB: TimescaleDB es una extensión de base de datos de series temporales para PostgreSQL. Combina la facilidad de uso de una base de datos relacional con las características de rendimiento de una base de datos de series temporales. Esto la hace particularmente atractiva para aquellos que ya están familiarizados con SQL y PostgreSQL, pero necesitan manejar grandes volúmenes de datos de series temporales con eficiencia.

Graphite: Graphite es una herramienta de monitoreo de código abierto que almacena datos de series temporales y es capaz de renderizar gráficos de esos datos en la web. Aunque no es tan flexible como algunas de las otras opciones y tiene una arquitectura más compleja, Graphite sigue siendo popular debido a su capacidad para integrarse con una amplia gama de herramientas de monitoreo y alerta.

OpenTSDB: OpenTSDB es una base de datos de series temporales distribuida diseñada para almacenar y servir métricas recogidas de sistemas informáticos (por ejemplo, rendimiento de la red y del servidor) a gran escala. Utiliza HBase (una base de datos distribuida que forma parte del ecosistema Hadoop) como su capa de almacenamiento, lo que le permite escalar horizontalmente y manejar grandes cantidades de datos.

7.4 GUI de visualización (Grafana)

Grafana es una plataforma de análisis y visualización de datos de código abierto, ampliamente utilizada para monitorear y analizar métricas a través de múltiples fuentes de datos en tiempo real. Ofrece una potente interfaz de usuario que nos permite crear tableros dinámicos y atractivos que presentan visualizaciones de datos complejas, como gráficos, tablas, y mapas de calor, entre otros.

Una de las principales fortalezas de Grafana es su capacidad para integrarse con una amplia gama de fuentes de datos, incluyendo bases de datos de series temporales como Prometheus, InfluxDB, y Graphite, bases de datos SQL como MySQL y PostgreSQL, y otras fuentes como Elasticsearch y Cloudwatch. Esta flexibilidad hace que Grafana sea una herramienta valiosa para equipos de operaciones, desarrolladores, y analistas de datos en muchos contextos, desde sitios web y aplicaciones hasta infraestructura de TI y sensores IoT.

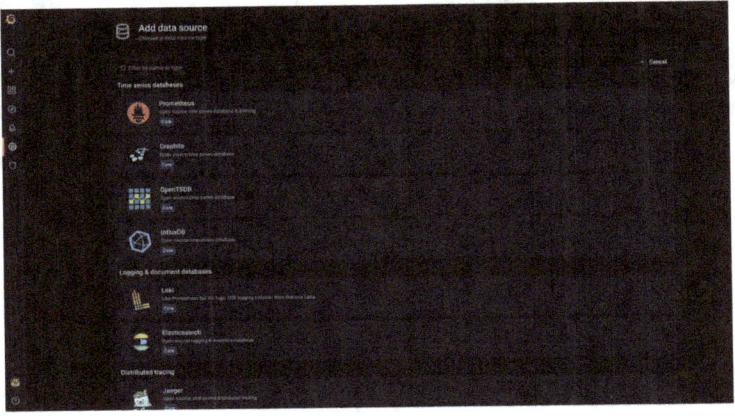

Figura 7.5: Algunas de las fuentes de datos soportadas por Grafana

TECNOLOGÍAS Y HERRAMIENTAS DEL LADO DE LA APLICACIÓN

Grafana es especialmente popular en el ámbito del monitoreo de infraestructuras y aplicaciones debido a su capacidad para manejar datos en tiempo real, lo que permite a los usuarios identificar y reaccionar rápidamente a problemas, tendencias o anomalías en sus sistemas. Además, Grafana soporta alertas que notifican a los usuarios cuando los datos cruzan ciertos umbrales, facilitando la gestión proactiva de los sistemas.

La comunidad activa y el ecosistema en expansión de plugins y paneles contribuyen a la versatilidad y capacidad de personalización de Grafana, permitiendo a los usuarios adaptar la plataforma a sus necesidades específicas.

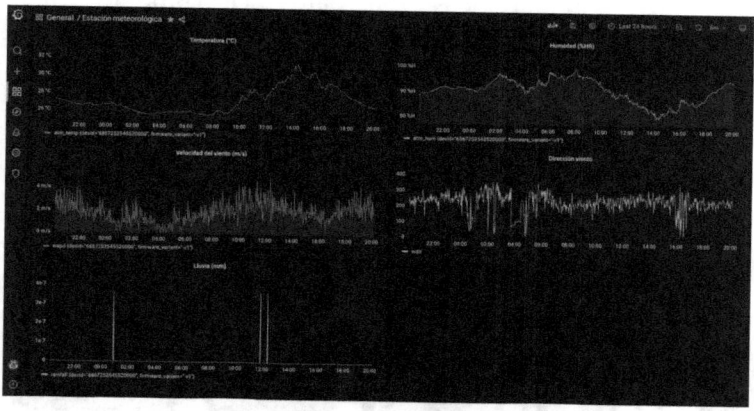

Figura 7.6: GUI de Grafana, basado en Web.

Capítulo 8
Casos de Uso

Los casos de uso donde LoRaWAN puede ser desplegado son, en la práctica, demasiados para ser listados. Listaré aquí sólo los más comunes o aquellos en los que he podido observar, de primera mano, que LoRaWAN agrega un valor importantísimo con respecto a tecnologías alternativas.

8.1 Parqueo inteligente

Detección de espacios disponibles: Los sensores LoRaWAN pueden instalarse en cada espacio de estacionamiento para detectar la presencia o ausencia de vehículos, enviando esta información en tiempo real a una plataforma central. Esto permite a los conductores saber cuáles son los espacios disponibles sin necesidad de recorrer el estacionamiento buscando un lugar libre.

Guiado hacia espacios libres: A través de aplicaciones móviles o paneles de señalización digital, el sistema puede guiar a los conductores directamente a los espacios de estacionamiento vacíos, optimizando el tiempo de búsqueda y reduciendo la congestión dentro de las instalaciones de estacionamiento.

Gestión de estacionamientos para vehículos eléctricos: Específicamente para estacionamientos con cargadores de vehículos eléctricos, los sensores LoRaWAN pueden monitorear la disponibilidad de estos puntos de carga y comunicar esta información a los conductores de vehículos eléctricos que buscan cargar sus autos.

Análisis de patrones de uso: Los datos recopilados por los sensores LoRaWAN pueden analizarse para entender los patrones de uso del estacionamiento, identificando horas pico, duración promedio de estacionamiento y otros datos valiosos que pueden ayudar en la planificación y gestión del espacio.

Pagos automatizados y control de acceso: Integrando los sensores LoRaWAN con sistemas de pago y barreras de acceso, se puede automatizar el proceso de pago basado en el tiempo de estacionamiento, así como controlar el acceso a áreas restringidas o reservadas dentro del estacionamiento.

8.2 Agricultura/acuicultura de precisión

En la agricultura de precisión, la tecnología LoRaWAN ofrece diversas aplicaciones que pueden transformar significativamente la forma en que se gestionan las operaciones agrícolas, optimizando los procesos y mejorando los resultados. Algunas de las aplicaciones más destacadas de LoRaWAN en este ámbito incluyen:

Monitoreo y gestión remota: La capacidad de LoRaWAN para permitir la comunicación a larga distancia y de bajo consumo hace que sea ideal para monitorizar y gestionar cultivos y ganado de forma remota, lo que reduce la necesidad de inspecciones manuales frecuentes y mejora la eficiencia del uso de los recursos.

Optimización del uso del agua y fertilizantes: Los sensores LoRaWAN pueden proporcionar datos detallados y en tiempo real sobre las condiciones del suelo, como el nivel de humedad y la salinidad. Esto permite a los agricultores tomar decisiones informadas sobre riego y fertilización, asegurando que los cultivos reciban exactamente lo que necesitan para un crecimiento óptimo.

Geolocalización sin GPS: La tecnología LoRa utiliza una técnica de geolocalización que no requiere de potencia adicional ni de módulos GPS costosos, lo que facilita el seguimiento de equipos y ganado sin aumentar significativamente los costos o el consumo de energía.

Seguimiento de la salud y el comportamiento del ganado: La tecnología LoRaWAN puede utilizarse para monitorizar la salud y el comportamiento del ganado, permitiendo a los ganaderos detectar precozmente signos de enfermedad o estrés y tomar medidas para evitar la propagación de enfermedades o mejorar el bienestar animal.

Mejora de los rendimientos de los cultivos: Al proporcionar datos precisos y actualizados sobre las condiciones del campo, LoRaWAN permite a los agricultores ajustar sus prácticas de cultivo para mejorar los rendimientos y la calidad de los productos, lo que es esencial para satisfacer la creciente demanda de alimentos.

Reducción de costos y aumento de la eficiencia: Al optimizar el uso de recursos como el agua y los fertilizantes y reducir la necesidad de labores manuales, LoRaWAN ayuda a disminuir los costos operativos y aumentar la eficiencia general de las operaciones agrícolas.

Figura 8.1: Monitoreo de parámetros en acuicultura, basado en red LoRaWAN

8.3 Calidad de aire

Estas redes han ganado popularidad en tiempos recientes. Básicamente porque se han encontrado mecanismos de medición más baratos en relación a los métodos tradicionales, que implican artefactos complejos y con un precio excesivo. Los dispositivos de medición de gases y partículas de bajo coste permiten el despliegue de redes extensas de medición de calidad de aire, el problema se centra ahora en desplegar estas redes, que pueden estar constituidas por dispositivos distantes a kilómetros de distancia entre sí. Ahí es donde entra LoRaWAN.

Los sensores conectados a LoRaWAN pueden medir niveles de gases nocivos como NOx (óxidos de nitrógeno), SO2 (dióxido de azufre), CO (monóxido de carbono) y O3 (ozono), entre otros. Además, la monitorización de partículas finas como PM2.5 y PM10 es crucial, ya que pueden penetrar profundamente en los pulmones y están asociadas con una variedad de problemas de salud.

Con el uso de LoRaWAN se habilita el monitoreo de estos parámetros en tiempo real y de una manera costo-efectiva. En algunos escenarios, como el de las minas o construcción, este monitoreo se vuelve crítico para preservar la salud de las personas.

8.4 Smart Buildings

La capacidad de LoRaWAN para transmitir incluso con obstáculos y la posibilidad de conectar miles de dispositivos a un sólo gateway, la convierte en una tecnología idónea para el desarrollo de edificios inteligentes.

Monitoreo de Consumo de Energía: Facilita la recopilación de datos de sensores de energía distribuidos por todo el edificio para monitorear y gestionar el consumo de energía de manera más eficiente.

Gestión de Iluminación: Permite automatizar el control de la iluminación en función de la presencia de personas o las condiciones de luz ambiental, contribuyendo al ahorro energético.

Climatización: Los sensores LoRaWAN pueden monitorear condiciones como la temperatura, la humedad y la calidad del aire, permitiendo un control más preciso de los sistemas HVAC (calefacción, ventilación y aire acondicionado) para mejorar el confort y la eficiencia energética.

Seguridad y Vigilancia: Los sistemas de seguridad, como alarmas y sensores de movimiento, pueden conectarse a través de LoRaWAN para ofrecer una vigilancia eficaz sin la necesidad de cableado complejo. Hay que ser específicos aquí y advertir que esto no incluye transmisión de video.

Detección de Fugas y Gestión del Agua: La detección de fugas de agua en tiempo real permite una rápida intervención, para evitar daños mayores y contribuir a la gestión sostenible del agua.

Monitoreo de la Calidad del Aire: Sensores específicos pueden medir la concentración de CO_2, partículas y otros contaminantes para asegurar un ambiente interior saludable.

Gestión de Espacios: Los sensores LoRaWAN pueden ayudar a monitorear la utilización de los espacios en tiempo real, permitiendo una gestión eficiente de las áreas de trabajo y las salas de reuniones.

Mantenimiento Predictivo: La recopilación de datos de varios sensores puede facilitar el análisis predictivo para identificar equipos que requieren mantenimiento antes de que fallen, reduciendo así el tiempo de inactividad y los costes de reparación.

Accesibilidad y Navegación: Los sistemas basados en LoRaWAN pueden ayudar a guiar a las personas dentro de los edificios mediante la señalización inteligente y los servicios de localización.

Integración con IoT y Plataformas de Gestión de Edificios: LoRaWAN permite la fácil integración de una amplia gama de dispositivos IoT en plataformas centralizadas de gestión de edificios, facilitando una visión holística y el control sobre las operaciones del edificio.

CASOS DE USO

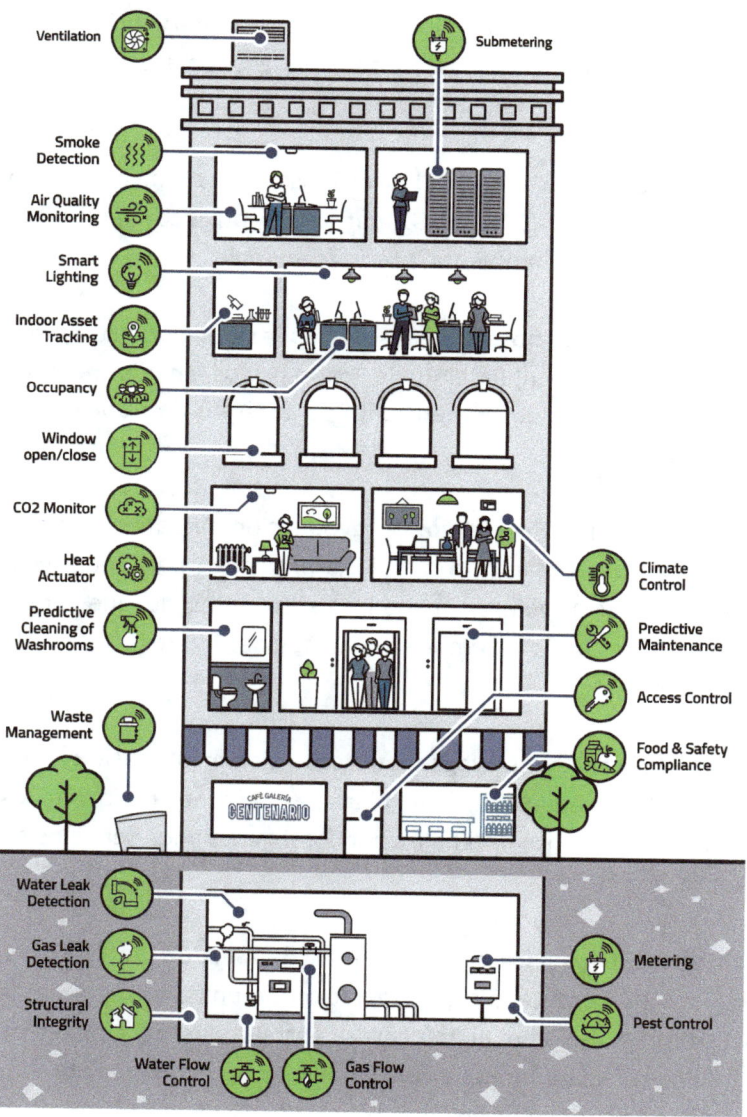

Figura 8.2: Aplicaciones en Smart Buildings usando LoRaWAN

Capítulo 9
Chips y módulos

Los chips y módulos LoRa/LoRaWAN son el corazón de los productos que usan esta tecnología. En este capítulo intentaremos describir las características destacadas de cada uno de ellos.

9.1 Chips LoRa/LoRAWAN

Ya que LoRa es una técnica de modulación patentada por Semtech, todos los chips LoRa son fabricados por esta compañía o por alguna otra que le ha pagado los derechos de uso de la patente para manufacturar sus propios chips. Entre las compañías que han acordado con Semtech la fabricación de chips propios se encuentran grandes players de la industria de semiconductores como Microchip, ST Electronics e inclusive actores chinos como HopeRF.

Tipos de chips LoRa

Existen dos principales tipos de chips LoRa, por un lado están los transceptores y por otro los concentradores. Explicaremos brevemente de qué se trata cada uno de ellos.

Los **transceptores** son chips que pueden tanto transmitir como recibir señales de radiofrecuencia. En el contexto de LoRa, los transceptores son utilizados en dispositivos finales (como sensores o actuadores) y en algunas puertas de enlace que requieren comunicación bidireccional. Son capaces de manejar la modulación y demodulación de señales LoRa, permitiendo la comunicación a larga distancia con bajo consumo de energía.

Los **concentradores**, comúnmente integrados en las puertas de enlace LoRaWAN, son chips capaces de recibir señales de múltiples transceptores simultáneamente. Actúan como un puente entre los dispositivos finales LoRa y la red, generalmente conectando a través de Internet a un servidor de red LoRaWAN. Estos chips pueden procesar señales de muchos dispositivos finales al mismo tiempo, utilizando diferentes canales y tasas de datos. Esto es crucial para la escalabilidad de las redes LoRaWAN, permitiendo la conexión de miles de dispositivos finales a una única puerta de enlace.

Nota: *Además de estos dos tipos, han comenzado a salir al mercado una suerte de transceptores especializados, que además de la modulación y demodulación LoRa, se especializan en aplicaciones determinadas, como el caso del chip LR1110 que veremos más adelante y se especializa en tracking. También han comenzado a salir chips transceptores LoRa con microcontrolador incluido.*

Chips propios de Semtech

Los chips LoRa fabricados por Semtech son, obviamente, los más populares. Aquí una breve descripción de ellos.

Figura 9.1: Algunos de los chips LoRa del fabricante Semtech

SX1272/SX1273: Fueron de los primeros transceptores de RF que integraron la tecnología LoRa, ofreciendo una combinación de larga distancia y bajo consumo energético para la comunicación inalámbrica.

SX1276/SX1277/SX1278/SX1279: Estos transceptores LoRa amplían las capacidades del SX1272/SX1273, soportando una gama más amplia de frecuencias y optimizando el consumo energético y el alcance.

SX1261/SX1262/SX1268: Representan una evolución en la gama de chips LoRa de Semtech, ofreciendo mejoras en términos de potencia, rango y eficiencia en el uso del espectro. El SX1261 y SX1262, por ejemplo, son conocidos por su eficiencia energética y su capacidad para operar en un amplio rango de condiciones ambientales.

LR1110: Este es un transceptor LoRa con funcionalidad de geolocalización integrada, lo que lo hace ideal para aplicaciones de IoT que requieren seguimiento de ubicación sin necesidad de GPS. Exploraremos un dispositivo con este chip en el siguiente capítulo.

SX1301/SX1302: Estos son chips concentradores LoRa diseñados para ser utilizados en puertas de enlace LoRaWAN, permitiendo la comunicación con miles de dispositivos LoRa simultáneamente.

SX1308: Similar al SX1301, este chip está optimizado para puertas de enlace LoRa de alto rendimiento, facilitando la construcción de redes LoRaWAN a gran escala.

Chips de otros fabricantes

RFM95/RFM96/RFM98: Son chips transceptores LoRa de bajo costo producidos por la empresa china HopeRF y basados en la tecnología de Semtech. Se han vuelto populares en ambientes de hobbistas.

STM32WL5*/STM32WLE5*: Son familias de chips fabricados por una de las grandes compañías de semiconductores como es el caso de ST Electronics. Se tratan de MCUs son soporte para radiofrecuencia, en los cuales se ha incluido la lógica necesaria para modular y demodular señales LoRa, luego de un acuerdo con Semtech. Son una buena opción si se busca el respaldo de una firma sólida y además son reconocidos por su gestión muy eficiente de energía, por lo que presentan características de ultra-bajo-consumo. Veremos una demostración de esto más adelante.

SAM R34/R35: Son una serie de microcontroladores de bajo consumo con tecnología LoRa integrada, diseñados para una amplia gama de aplicaciones de Internet de las Cosas (IoT). Estos chips combinan la eficiencia energética y el amplio rango de comunicación de la tecnología LoRa con la flexibilidad y la potencia de los microcontroladores. Son fabricados por otro de los grandes a nivel mundial, como es la empresa Microchip.

9.2 Módulos de RF LoRa

Los módulos son pequeñas placas electrónicas que contienen chips transductores LoRa con el objetivo de facilitar proyectos electrónicos. De este modo, el usuario o diseñador de un producto no tiene que lidiar con la complicaciones del mundo de la radiofrecuencia, pues los módulos resuelven todos estos aspectos. Los módulos por lo tanto contienen ya los chips LoRa y algunos componentes adicionales.

CHIPS Y MÓDULOS

Nota: *Normalmente hemos utilizado los términos LoRa y LoRaWAN de manera casi intercambiable en esta obra, pero aquí haremos una aclaración. Cuando digamos que un módulo es un módulo LoRaWAN estaremos dando a entender que el módulo tiene embebido una pila de código LoRaWAN. Si por el contrario decimos que se trata de un módulo LoRa, estamos dando a entender que el módulo NO tiene una pila LoRaWAN embebida y por lo tanto el microcontrolador externo tiene que implementar la lógica de LoRaWAN en su firmware.*

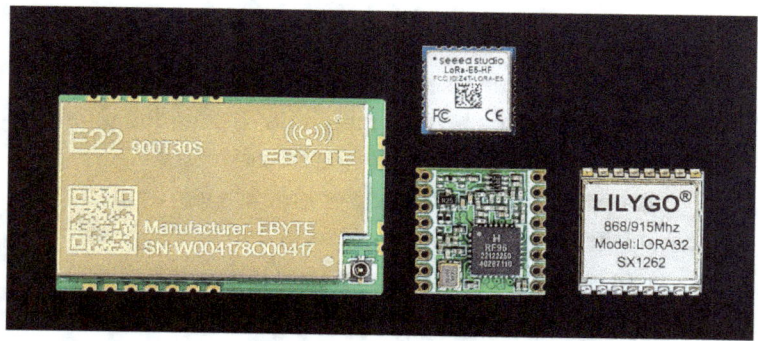

Figura 9.2: Algunos módulos LoRa disponibles comercialmente

Algunos de ellos básicamente exponen el chip de Semtech en sus pines; es decir, el módulo cuenta con una interfaz SPI para comunicarse directamente con los chips de Semtech dentro del módulo. En otros casos, se expone una interfaz UART de más alto nivel con la que podemos controlar el módulo con comandos AT, tal como se hacía con los modems hace muchos años. La diferencia está en que, si interactuamos a nivel de SPI necesitaremos tener la pila de código LoRaWAN en el microcontrolador externo, mientras que en el segundo caso (comandos AT de alto nivel) la pila LoRaWAN ya se encuentra dentro del módulo. Cada caso tiene sus pros y sus contras.

Citaré a continuación algunas opciones de módulos LoRa comunes hoy en día.

RFM95/RFM96: Este módulo de HopeRF es uno de los más populares y accesibles. Es compatible con la banda de frecuencias LoRa y puede ser utilizado con Arduino a través de una librería SPI.

RN2483/RN2903: Desarrollados por Microchip, estos módulos están diseñados para ser fáciles de integrar y son compatibles con la red LoRaWAN, lo que los hace ideales para aplicaciones IoT. RN2483 es para la banda de frecuencia de 433/868 MHz, mientras que RN2903 es para la banda de 915 MHz.

LoRa-E5: Este módulo tiene la particularidad de que incorpora un microcontrolador STM32, que es un potente procesador con capacidades de bajo consumo. Esto le permite ser eficiente en términos energéticos y además implementar una pila LoRaWAN propia, de tal modo que puede comunicarse con el exterior en un lenguaje de alto nivel (comandos AT) a través de un puerto serial UART.

TTGO/LILYGO LoRa32: Una serie de placas de desarrollo basadas en ESP32 que integran WiFi, Bluetooth y LoRa, lo que las hace muy versátiles para proyectos IoT que requieren múltiples formas de comunicación.

eByte: La compañía china eByte cuenta con algunos módulos LoRa/LoRaWAN. Los tiene de los dos tipos que ya hemos mostrado antes: los que exponen directamente los pines SPI de los chips de Semtech y los que exponen una interfaz UART desde la cual se puede interactuar con comandos AT.

Radiografía de un módulo LoRaWAN

El módulo sacrificado es un E22-900T30S. Al abrirlo vemos que tiene algunos componentes esperados. En primer lugar el chip SX1262, el cual es el transductor LoRa fabricado por Semtech. También vemos un MCU modesto, pero de buena familia (Silicon Labs) y un amplificador RF de bajo ruido, para amplificar la señal de radiofrecuencia hasta los 30dB.

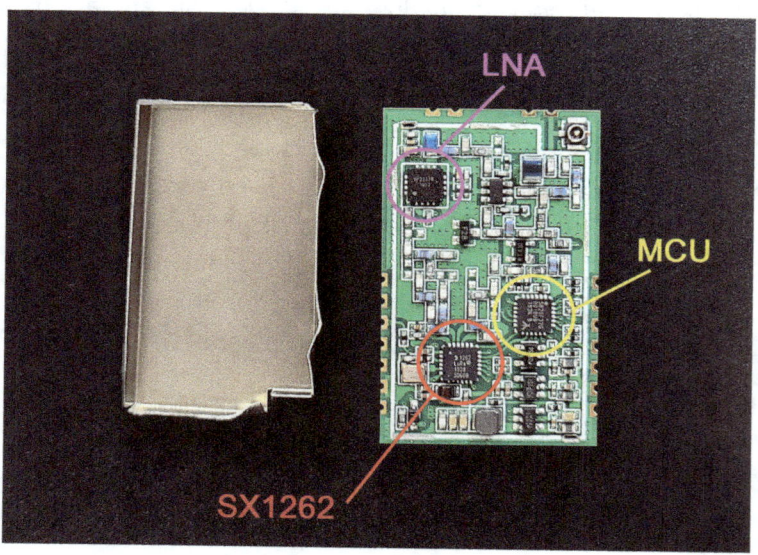

Figura 9.3: Módulo eByte sin jaula metálica

Algo importante en cualquier módulo de radiofrecuencia es la jaula metálica, también llamada jaula de faraday o simplemente shield. Su propósito es impedir que el ruido electromagnético contamine el funcionamiento y la integridad de la señal que intentamos transmitir. Esto es algo casi que obligatorio en un módulo LoRa. El único caso que conozco que no lo incluye es el de los módulos de la firma HopeRF, pero tengo entendido que ya se dieron cuenta del error y lo están incluyendo en nuevos modelos.

Intentaré aquí dibujar, de manera muy somera, los diferentes componentes del módulo E22-900T30S que hemos abierto.

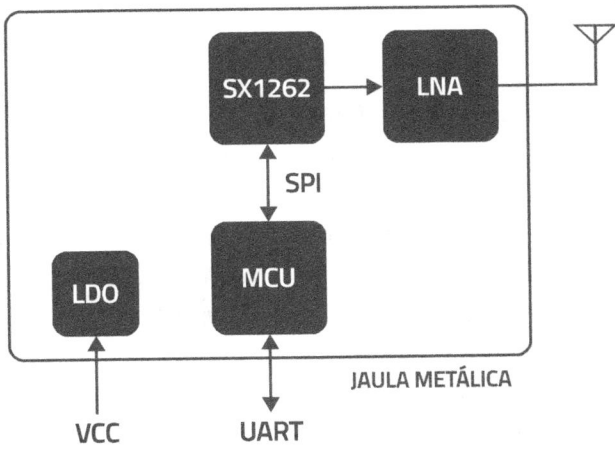

Figura 9.4: Componentes internos del módulo E22-900T30S

CHIPS Y MÓDULOS

Explicaré a continuación algunos de los componentes internos.

SX1262: Es el chip transceptor de RF (Radio Frecuencia) para LoRa de Semtech. Se encarga de manejar la comunicación inalámbrica mediante la modulación LoRa y otras modulaciones compatibles. La comunicación con el microcontrolador se realiza a través de un bus SPI.

LNA (Low Noise Amplifier): Este es un amplificador de bajo ruido que se utiliza para aumentar la señal recibida por la antena antes de que sea procesada por el transceptor. Su propósito es mejorar la relación señal-ruido de las señales recibidas. En este módulo se usa el YP2233W.

MCU (Microcontroller Unit): El microcontrolador es el cerebro del módulo, que gestiona la lógica de operación y procesamiento de datos. Ejecuta el software que maneja el transceptor SX1262 a través del SPI y se comunica con otros dispositivos a través del bus UART. En el caso particular de este módulo se usa el EFM8SB20F32G de Silicon Labs.

LDO (Low Dropout Regulator): Es un regulador de voltaje que proporciona una salida de voltaje estable a los componentes electrónicos desde la entrada de alimentación (VCC). Asegura que los componentes funcionen dentro de un rango de voltaje seguro y constante.

Jaula Metálica: Es un blindaje que sirve para proteger los componentes del módulo de interferencias electromagnéticas externas. Aumenta la fiabilidad de las comunicaciones al reducir el ruido que podría afectar al rendimiento del transceptor.

9.3 Módulos concentradores

Así como tenemos módulos transductores, que integran la electrónica necesaria para que un nodo transmita LoRaWAN, también contamos con módulos concentradores, componentes cruciales en los gateways o estaciones base. Estos módulos concentradores permiten recibir, decodificar y gestionar múltiples señales de LoRa provenientes de distintos nodos simultáneamente.

Gracias a su capacidad para manejar miles de mensajes al mismo tiempo, los módulos concentradores son esenciales para mantener la eficiencia y el alcance de las redes LoRaWAN, actuando como el punto central de comunicación y coordinación en un sistema de IoT distribuido. Usualmente estos módulos se basan en el chip de Semtech SX1301 o el SX1302 y al igual que los módulos transductores incluyen toda la electrónica adicional necesaria.

Figura 9.5: Módulos concentradores LoRaWAN

Algunas características típicas que podemos encontrar en este tipo de módulos son las siguientes.

Conexión e interfaz: Comúnmente, estos módulos utilizan un conector mini-PCIe, lo que facilita su integración con diferentes tipos de hardware, incluyendo gateways industriales y plataformas de computación embebida. La interfaz de comunicación principal para la transmisión de datos suele ser SPI o USB, permitiendo una transferencia rápida y fiable de la información captada por los nodos.

Conectividad GPS: Una característica distintiva de muchos módulos concentradores es la inclusión de un conector para antena GPS. El propósito principal de esta antena es proveer al concentrador de un timing preciso para su operación. A pesar de ser opcional, es altamente recomendado el uso de una antena GPS.

Disipación de calor: Dado el trabajo continuo y la carga de procesamiento que estos módulos deben manejar, algunos modelos están equipados con disipadores de calor. En la figura 9.5 se puede observar que el módulo concentrador de la izquierda viene equipado con un disipador de aluminio anodizado de color negro.

Soporte de firmware: Para facilitar su uso y configuración, estos módulos suelen contar con soporte para firmware actualizable y herramientas de configuración basadas en software que permiten a los usuarios optimizar su funcionamiento según las necesidades específicas del entorno de despliegue.

Capítulo 10
Experimentando con nodos LoRaWAN

En este apartado realizaremos diferentes experimentos con productos comerciales LoRaWAN, con el objetivo de medir su desempeño, en particular su consumo de energía en diferentes circunstancias. Además, exploraré un poco de las características de la tecnología inherente a cada uno de estos productos.

Nota importante: Los resultados de consumo de energía mostrados en los siguientes experimentos no son en ninguna circunstancia un indicativo de qué dispositivo es mejor que otro, puesto que también se depende de factores exógenos. Además, no estamos midiendo la potencia efectiva de radiación electromagnética de la antena, por lo que la comparación sería injusta.

Por último, dependiendo de los ajustes propios de la red LoRaWAN, cuando se usa ADR, los parámetros de SF, CR y otros, pueden variar entre una transmisión y otra.

10.1 Consumo de energía de tracker

Este experimento lo haremos probando el dispositivo de tracker SenseCAP T-1000. Se trata de un dispositivo muy compacto, del tamaño de una tarjeta de crédito, que calcula su ubicación y la transmite a la red LoRaWAN de nuestra preferencia: TTN, Helium o una arbitraria, definida por el usuario.

Además de usar GNSS/GPS para calcular la ubicación, se vale de una antena pasiva WiFi y una antena BLE, para usar anclas de radiofrecuencia de estas últimas tecnologías para poder calcular la ubicación en interiores, donde la señal satelital de las constelaciones GNSS no llegan.

Aparte de las características anteriores, una que es muy ilustrativa del poder de LoRaWAN es su bajo consumo de energía, por lo que puede funcionar varias semanas con una sóla carga. Por lo tanto, destriparemos este dispositivo para medir exactamente cuánto consume en diferentes situaciones.

Comenzaremos el experimento sacrificando (no sin un gran cargo de conciencia) este producto. Para hacerlo tendremos que cortar su carcaza plástica, pues viene bien sellado y pegado, ya que se publicita a prueba de agua.

Figura 10.1: Dispositivo SenseCAP T-1000 antes de desarmarlo.

Una vez que tenemos la placa desnuda, podemos identificar el corazón del circuito. Se trata del chip LR1110 de Semtech. Este chip es particularmente interesante, pues se encuentra especializado en el mercado de tracking. Explicaremos algunas características en breve.

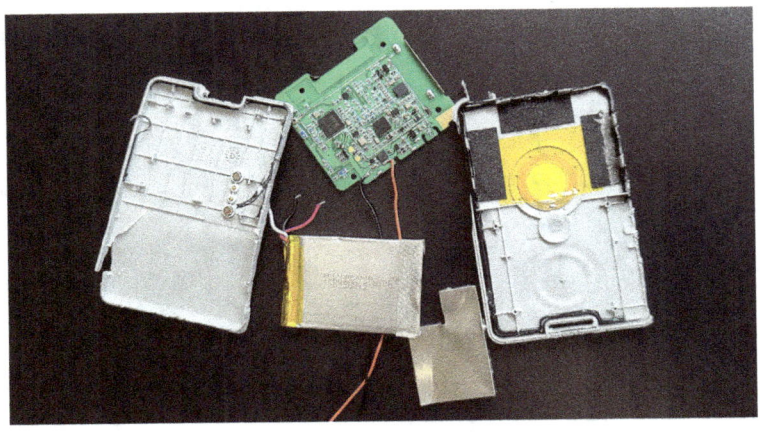

Figura 10.2: Sacrificio del SenseCAP T1000 en pro del conocimiento

Características del LR1110

El LR1100 es un circuito integrado interesante; aparte de ser un transciever LoRaWAN (es compatible con la familia SX126X) cuenta con funcionalidad especializada para localización y por esta razón incluye otras tecnologías inalámbricas con el objetivo de calcular la posición del dispositivo. Estas tecnologías son:

- Escaneo a baja potencia de constelaciones GNSS (GPS/ BeiDou)
- Escaneo de redes WiFi a ultra-baja-potencia (802.11b/g/n)

Una característica extra es que es multibanda (de 150MHz a 960MHz), permitiéndonos trabajar prácticamente en cualquier región, siempre y cuando la electrónica de la tarjeta lo permita.

Figura 10.3: Chip LR1110 es el corazón del SenseCAP T1000

Con respecto a su gestión de energía (que es lo que mediremos en este experimento) es capaz de transmitir a dos potencias máximas, pues cuenta con un amplificador de bajo ruido (LNA) integrado, lo que le permite trabajar en dos regímenes: +22dBm (para alta potencia) y +15dBm (para alta eficiencia).

Según su hoja de datos su corriente en modo reposo, cuando no está transmitiendo ni escuchando radiofrecuencia, sino "durmiendo", el chip consume aproximadamente 1.7µA, lo cual es realmente destacable. Por otro lado, cuando se encuentra recibiendo radiofrecuencia LoRa su consumo de corriente puede llegar a aproximadamente 8mA.

Por otro lado, cuando transmite, que usualmente es cuando hace uso de la máxima potencia posible, su consumo se muestra en la siguiente tabla, y dependiendo de la potencia de transmisión (que es configurable mediante software), puede ir desde los 20mA hasta los 100mA aproximadamente, lo cual también es muy bueno.

Symbol	Frequency Band	PA Match	Output Power	Min	Typ	Max	Unit
IDDTXLP1	868/915 MHz	+14 dBm, LP PA2	+15 dBm	-	36	-	mA
IDDTXLP2			+14 dBm	-	28	-	mA
IDDTXLP3			+10 dBm	-	18.5	-	mA
IDDTXLP4	434/490 MHz		+15 dBm	-	35	-	mA
IDDTXLP5			+14 dBm	-	28	-	mA
IDDTXLP6			+10 dBm	-	19	-	mA
IDDTXHP1	868/915 MHz	+22 dBm, HP PA3	+22 dBm	-	118	-	mA
IDDTXHP2			+20 dBm	-	96	-	mA
IDDTXHP3			+17 dBm	-	73	-	mA
IDDTXHP4			+14 dBm	-	50	-	mA
IDDTXHP5	434/490 MHz		+22 dBm	-	100	-	mA
IDDTXHP6			+20 dBm	-	86	-	mA
IDDTXHP7			+17 dBm	-	70	-	mA
IDDTXHP8			+14 dBm	-	45	-	mA

1. Using optimized settings described in the LR1110 User Guide
2. DC-DC mode of the LDO/DC-DC combo is used to supply the entire circuit
3. Battery used to supply the PA, and DC-DC used to supply the rest of the circuit

Figura 10.4: Consumo de energía a 3.3V según la hoja de datos del fabricante

Ahora veamos qué tal resultan las mediciones en la vida real, pues no solo dependen del LR1110 sino también del resto de la circuitería del producto.

Para medir el consumo de corriente he cortado el suministro de energía de la batería de litio y la he reemplazado por una fuente de 4.2V (he escogido ese valor de forma arbitraria, considerando que se trata de una batería LiPo de una sola celda), luego he introducido un circuito de medición de corriente en tiempo real, de precisión y he realizado varias tomas de muestras.

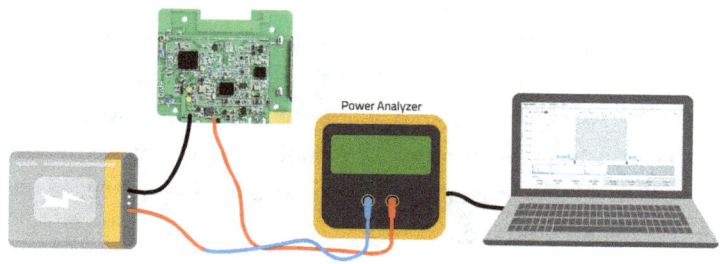

Figura 10.5: Conexión para prueba de medición de corriente

Producto de la prueba he podido medir el consumo en Clase A y se observa que cuando el dispositivo transmite consume alrededor de 18.7mA. Para saber cuánto de esto corresponde a LoRa tendríamos que restar el consumo del MCU y otros componentes, pero es mínimo. A continuación una gráfica detallada.

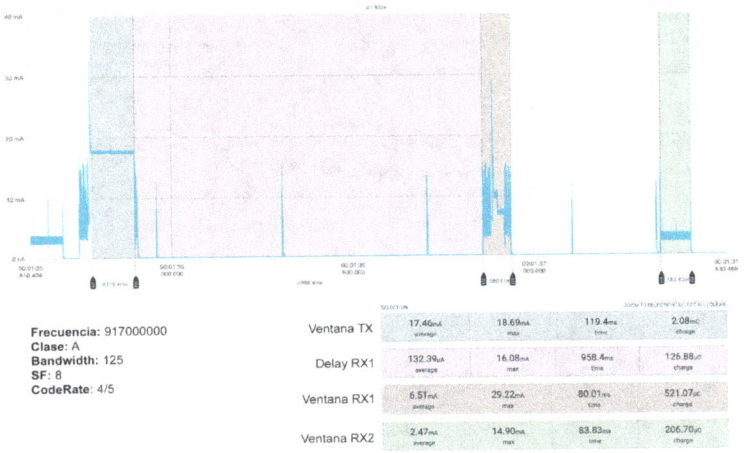

Figura 10.6: Consumo del SenseCap T-1000

Comparemos este consumo de corriente con el calculado con la herramienta LoRa Calculator, usando el simulador con el chip LR1110 y obtenemos un resultado de 16.5mA. Vemos que no está muy lejos de nuestra medición. ¡Muy buen resultado!

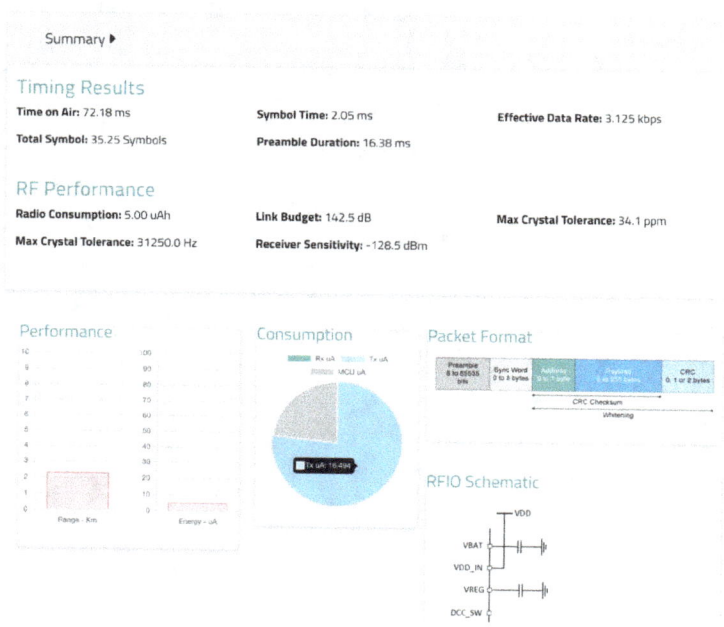

Figura 10.7: Resultados de la herramienta LoRa Calculator

Nota: *El consumo mostrado aquí no necesariamente refleja el consumo típico del equipo, pues depende de muchos factores, inclusive de la distancia a la que se encuentra el gateway.*

10.2 Consumo de energía NUCLEO-WL55JC1

La placa NUCLEO-WL55JC1, fabricada por la compañía ST Electronics, es una placa de evaluación para el desarrollo y la prueba de prototipos utilizando el microcontrolador

STM32WL55JC. Este modelo forma parte de la serie STM32WL, que son controladores inalámbricos sub-GHz y están equipados con un núcleo dual ARM Cortex-M4 y Cortex-M0+ que opera a 48 MHz.

El microcontrolador STM32WL55JC tiene embebidas capacidades inalámbricas con propósitos amplios, por lo que puede ser programada arbitrariamente para implementar tecnologías como LoRa, pero además puede implementar otras tecnologías inalámbricas como Sigfox o FSK. Esta versatilidad, le da al producto muchísimas posibilidades.

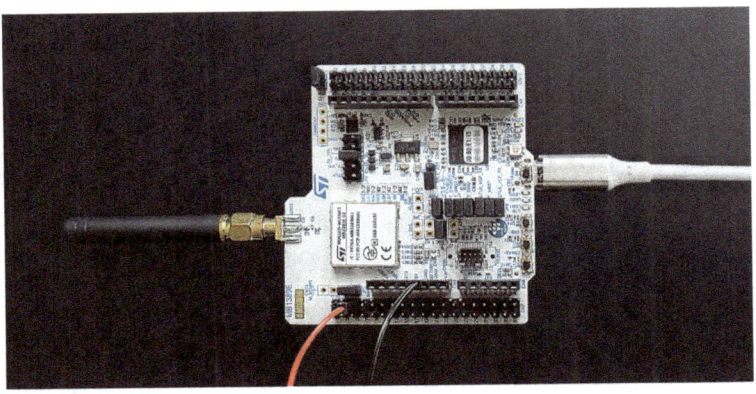

Figura 10.8: Placa NUCLEO-WL55JC1

En este apartado intentaremos de probar el consumo de energía, por lo que tendremos que cargar primero un código que implemente el envío de datos a través de la red LoRaWAN. Intentaremos realizar un JOIN a través de OTAA y luego de esto enviar paquetes de datos uplink con supuestos datos de temperatura inventados, sólo para propósitos de prueba.

Para suerte nuestra toda esta funcionalidad se encuentra disponible de forma gratuita en un paquete de ejemplo, el cual se puede descargar desde la misma herramienta de desarrollo llamada STM32CubeIDE. El nombre del paquete de ejemplo es LoRaWAN_End_Node y está basado en las librerías sugeridas por Semtech.

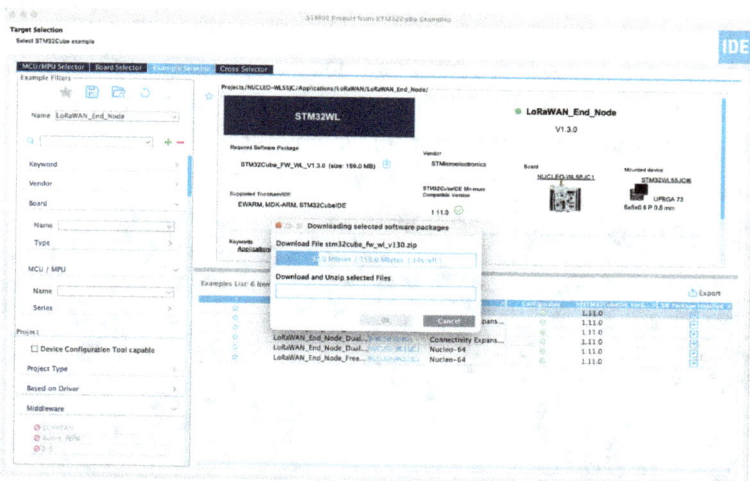

Figura 10.9: Herramienta STM32CubeIDE descargando ejemplo LoRaWAN_End_Node

Nota: *Tengo que mencionar en este punto que la programación del dispositivo puede representar un reto importante para el lector no experto. La herramienta está diseñada principalmente para programadores y desarrolladores de placas. En mi caso, me costó un tiempo lidiar con el hecho de que quería transmitir en la región AU915 y la sub-banda 2. Pues, no hay una forma rápida de elegir una sub-banda en el código y me tocó sentarme a entenderlo y cambiarlo para soportar esta sub-banda, luego de lo cual funcionó muy bien. Pero tuve que dedicarle unas horas extra de tiempo, lo cual puede resultar frustrante.*

En este experimento capturé información serial de depuración al mismo tiempo que se realizaba un uplink, por lo que pude conseguir información valiosa de frecuencias de Data Rate para el intervalo de transmisión Tx y las dos ventanas de recepción Rx1 y Rx2 que se utilizan en Clase A. He colocado esta información en la siguiente figura.

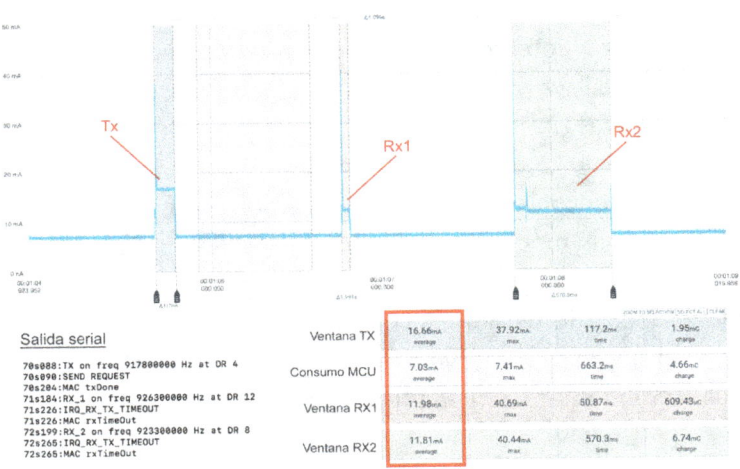

Figura 10.10: Consumo de placa NUCLEO-STMWL55JC1

Como podemos observar la información de consumo de energía es muy interesante. A pesar del poderío de un microcontrolador ARM de 32 bits, tenemos un consumo razonablemente bajo.

10.3 Consumo de energía LoRa-E5 Dev Board

Luego de probar la placa anterior, quedé satisfecho con el desempeño del chip STM32WL55JC, pero comencé a buscar una mejor manera de interactuar con él para poder utilizar este chip en mis sesiones de entrenamiento. La idea es que el alumno se encuentre constantemente motivado y la herramienta STM32CubeIDE está bien para explorar las características más rebuscadas y potentes del microcontrolador, pero añade más pendiente a la ya empinada curva de aprendizaje de un alumno del LoRaWAN Masterclass.

Por suerte encontré una forma y es la que probaremos ahora. Se trata de un módulo llamado Wio-E5 o LoRa-E5. Este módulo contiene básicamente el mismo chip STM32WL55JC pero ya viene quemado de fábrica con un firmware que implementa todo el stack LoRaWAN y nos expone una interfaz UART con la cual podemos interactuar a través de comandos AT.

Para no dilatar el cuento, pedí un board de evaluación de este módulo y lo esperé con ansias hasta que lo tuve en mis manos para experimentar. Ya les cuento los resultados.

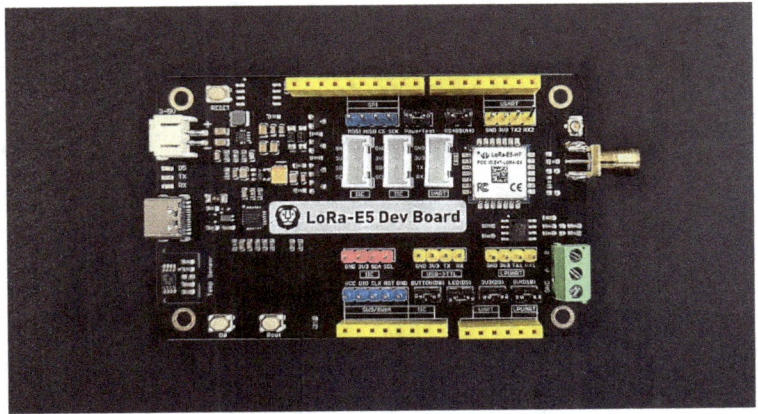

Figura 10.11: Placa de evaluación LoRa-E5 Dev Board

A pesar de que sabía que la experiencia, para un usuario de training, debería ser más amigable, me sorprendió que bastara con conectar la placa a mi computador para comenzar a controlarla mediante comandos AT. Les mostraré mi pantalla con los primeros comandos. Fue bastante plug-n-play.

EXPERIMENTANDO CON NODOS LORAWAN

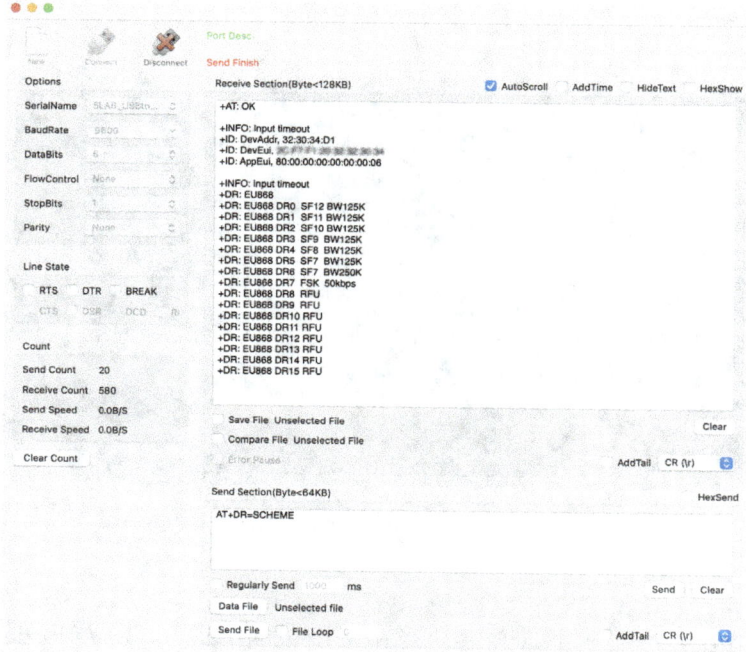

Figura 10.12: Primeros comandos AT para el módulo LoRa-E5

A continuación una lista de los comandos AT soportados, listados por el fabricante.

Comando AT	Descripción
AT+ID	Leer todo, DevAddr (ABP), DevEui (OTAA), AppEui (OTAA)
AT+ID=DevAddr	Leer DevAddr
AT+ID=DevEui	Leer DevEui

AT+ID=AppEui	Leer AppEui
AT+ID=DevAddr,"devaddr"	Establecer nueva DevAddr
AT+ID=DevEui,"deveui"	Establecer nuevo DevEui
AT+ID=AppEui,"appeui"	Establecer nuevo AppEui
AT+KEY=APPKEY,"llave de 16 bytes de longitud"	Cambiar llave de sesión de aplicación
AT+DR=banda	Cambiar los Planes de Banda
AT+DR=SCHEME	Verificar banda actual
AT+CH=NUM, 0-7	Habilitar canal 0~7
AT+MODE="modo"	Seleccionar modo de trabajo: LWOTAA, LWABP o TEST
AT+JOIN	Enviar petición de JOIN
AT+MSG="Datos a enviar"	Usar para enviar un paquete de datos en formato string, que no necesita confirmación
AT+CMSG="Datos a enviar"	Usar para enviar un paquete de datos en formato string, que sí necesita confirmación
AT+MSGHEX="xx xx xx xx"	Usar para enviar un paquete de datos en formato hexadecimal, que no necesita confirmación
AT+CMSGHEX="xx xx xx xx"	Usar para enviar un paquete de datos en formato hexadecimal, que sí necesita confirmación

Luego de configurar las credenciales de red y la región, realicé un JOIN y envié un mensaje de uplink simple. Para esto usé los siguientes comandos:

```
AT+JOIN
AT+CMSG=hola
```

Publicaré los resultados, cuando se usa SF12 y cuando se usa SF8. Podemos ver que, con SF12 tenemos un consumo mayor que con SF8.

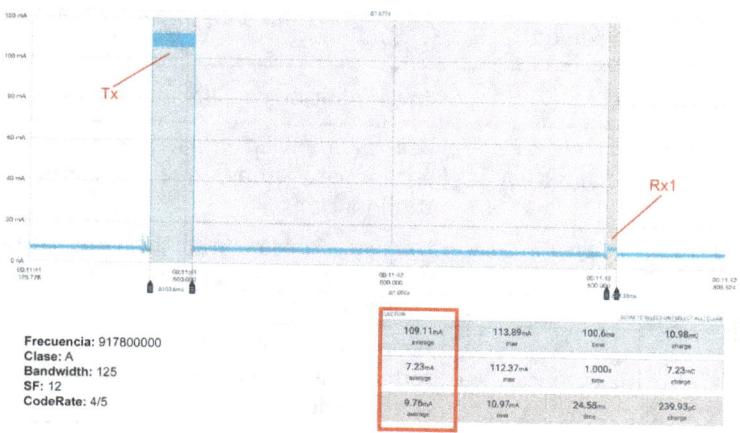

Figura 10.13: Consumo del LoRa-E5 usando SF12 y CR 4/5

Nota: *Si el lector se pregunta por qué hay sólo una ventana de recepción en clase A, en lugar de dos, la razón es que la segunda ventana de recepción es opcional. En caso de que la información de respuesta se reciba en la primera ventana Rx1, ya no es necesario abrir otra ventana adicional de recepción.*

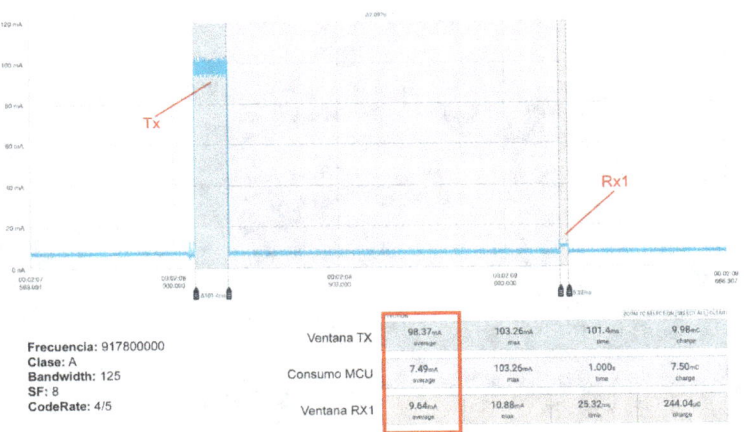

Figura 10.14: Consumo del LoRa-E5 usando SF8 y CR 4/5

10.4 Consumo de energía Heltec LoRa 32 (v3)

La placa Heltec LoRa 32 (v3) es una placa diseñada y fabricada por la compañía china Heltec Automation. Se trata de una placa de bajo costo, que puede ser adquirida desde algunos portales Web, incluido Amazon, por aproximadamente $30, lo que la convierte en una opción bastante atractiva para probar las bondades de LoRa y LoRaWAN.

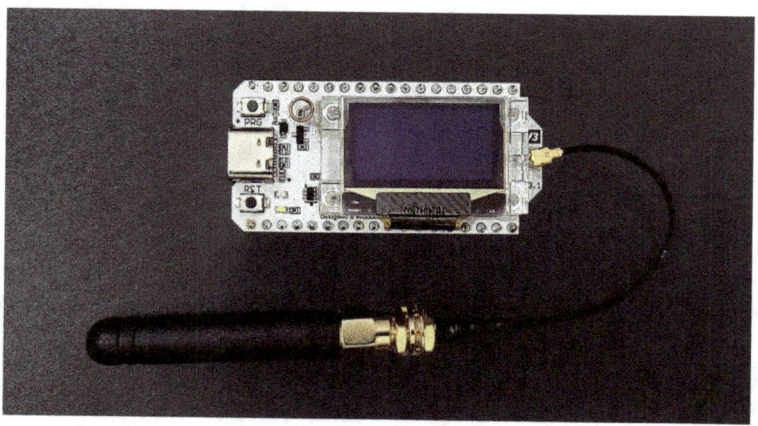

Figura 10.15: Placa del Heltec LoRa 32 con su antena.

Viene equipada con un potente microcontrolador ESP32-S3 de la compañía china Espressif. Los MCUs de la familia ESP32 se han vuelto bastante populares en una amplia gama de mercados, pero principalmente el IoT. Una de sus ventajas por sobre otras opciones es que incluyen WiFi en sus chips y en el caso del modelo S3 también incluye BLE, lo que lo hace bastante flexible en una gran variedad de escenarios.

Otra de las "ventajas" de esta placa es que se puede programar desde el software Arduino IDE, ampliamente usado por hobbistas de todo el mundo.

En particular yo he descargado la librería "Heltec ESP32 Dev Boards" desde el gestor de librerías del Arduino IDE y he utilizado el ejemplo llamado simplemente "LoRaWAN", para realizar las pruebas de consumo de energía.

Los resultados son interesantes en general, la transmisión de la información a través de LoRaWAN está dentro de lo esperado. Sin embargo, algo importante a tener en cuenta es que el consumo de energía que obtuvimos cuando no se está transmitiendo o inclusive cuando la placa está en modo hibernación es relativamente elevado. Hay que resaltar que no estoy encendiendo la pantalla OLED que viene con la placa, para que los resultados de la prueba sean lo más objetivos posibles.

El consumo de 9.13mA en promedio para un dispositivo "dormido" sin duda drenará la carga de nuestra batería. Ahora, si el ahorro de energía no es crítico en la aplicación que se quiere desplegar, esta placa puede ser una opción, más que nada por el procesador bastante poderoso que integra. A continuación los resultados.

Sospecho que parte del consumo excesivo es debido al diseño de la placa más que al MCU en sí. Lo averiguaré en pruebas futuras más minuciosas y publicaré los resultados.

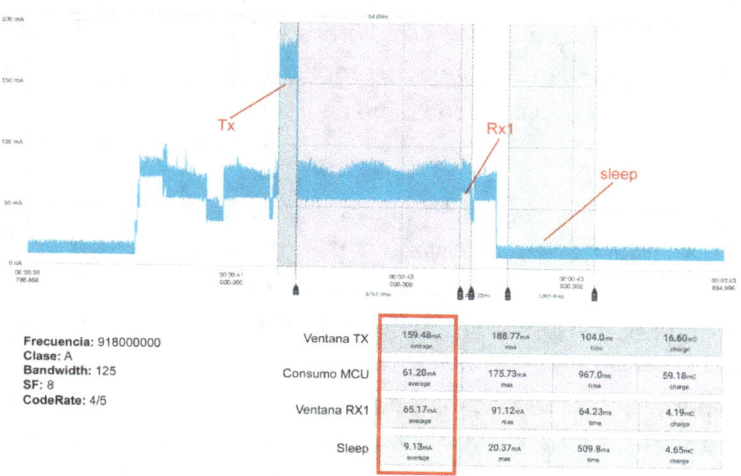

Figura 10.16: Consumo del Heltec LoRa 32, usando SF8 y CR 4/5

Apéndice A

Implementación de ejemplo de Agente de Recolección. Se incluyen comentarios explicativos.

```python
#!/usr/bin/env python

import paho.mqtt.client as mqtt
import influxdb_client
import sys

# Credenciales del broker MQTT elegido
MQTT_BROKERHOST='mqtt.example.org'
MQTT_USERNAME='someuser'
MQTT_PASSWORD='somepass'
MQTT_TOPIC='some/iot/topic'

# Credenciales del servidor InfluxDB elegido
INFLUXDB_HOST='http://influxdb.example.org:8086'
INFLUXDB_ORG='someorg'
INFLUXDB_BUCKET='samples'
INFLUXDB_TOKEN='ingrese-auth-token-aqui'

def mqtt_onconnect(client, userdata, flags, reason_code, properties):
    print (f'Conexión con código resultado {reason_code}')

    client.subscribe(MQTT_TOPIC)

def mqtt_onmessage(client, userdata, msg):
    print (msg.topic+' '+str(msg.payload))

    # msg.payload es un bytestring de datos binarios arbitrarios. El procesamiento
    # a partir de este punto es dependiente de la naturaleza esperada del payload.
    # Aquí se asume que el payload es una cadena UTF-8 que es un JSON.
    import json
    try:
        jsonstr = msg.payload.decode(encoding='utf-8')
        data = json.loads(jsonstr)

        # Adicionalmente, se asume que en el payload se define un elemento "payload"
        # que contiene dos elementos "oxygen_temp" y "oxygen_o2" de tipo float
        oxygen_temp = data['payload']['oxygen_temp']
        oxygen_o2 = data['payload']['oxygen_o2']
    except Exception as e:
        sys.stderr.write(str(e))
        return

    try:
        # Objeto de muestra a escribir. Toda muestra posee un esquema de datos
        # que se identifica por el measurement, en este caso "test_measurement".
        p = influxdb_client.Point("test_measurement_202402")
```

APÉNDICE A

```python
        p.tag("location", "Guayaquil")   # Metadata arbitraria asociada a la muestra
        p.tag("devicelabel", "medidor_o2_47564")

        p.field("temperature", oxygen_temp)     # Valores de la muestra
        p.field("oxygen_mgL", oxygen_o2)

        idb_writeapi.write(bucket=INFLUXDB_BUCKET, record=p)
    except Exception as e:
        sys.stderr.write(str(e))
        return

idb_client = influxdb_client.InfluxDBClient(
    url=INFLUXDB_HOST,
    token=INFLUXDB_TOKEN,
    org=INFLUXDB_ORG,
    timeout=60000)
idb_writeapi = idb_client.write_api()


mqttc = mqtt.Client(mqtt.CallbackAPIVersion.VERSION2)
mqttc.on_connect = mqtt_onconnect
mqttc.on_message = mqtt_onmessage

mqttc.connect(MQTT_BROKERHOST, 1883, 60)
mqttc.loop_forever()
```

Cuestionario

A continuación algunas preguntas relacionadas con el contenido de la presente obra, para poner a prueba los conocimientos adquiridos.

Capítulo 1: Introducción
- ¿Qué es LoRaWAN y qué ventajas ofrece en el contexto del IoT?
- ¿Cómo se diferencia LoRa de LoRaWAN?
- ¿Por qué es importante el bajo consumo de energía en dispositivos IoT?

Capítulo 2: Fundamentos de Comunicación Inalámbrica
- ¿Qué son las ondas electromagnéticas y cómo se relacionan con LoRaWAN?
- Explica cómo las ondas electromagnéticas son utilizadas en telecomunicaciones.
- ¿Qué es una línea de transmisión y para qué se utiliza en LoRaWAN?
- Describe los diferentes tipos de antenas utilizados en LoRaWAN y sus características.

Capítulo 3: Modulación LoRa
- ¿Qué es un símbolo en la modulación LoRa?
- Explica la función del preámbulo en la modulación LoRa.
- ¿Qué es el Spreading Factor y cómo afecta el desempeño de una red LoRaWAN?
- Detalla cómo el Code Rate influye en la robustez de la comunicación LoRaWAN.

Capítulo 4: Arquitectura de Red LoRaWAN
- Describe los componentes principales de una red LoRaWAN.
- ¿Qué es un Gateway en LoRaWAN y cuáles son sus funciones principales?

CUESTIONARIO

- Explica la diferencia entre Join Server y Network Server.
- ¿Cómo funciona la activación por aire (OTAA) y por qué es segura?

Capítulo 5: Características Avanzadas de LoRaWAN
- ¿Qué es FUOTA y cuáles son sus beneficios en LoRaWAN?
- Explica el concepto de Roaming en LoRaWAN y sus tipos.
- ¿Cómo ayuda la geolocalización en las aplicaciones de LoRaWAN?
- Detalla el funcionamiento y propósito del LoRaWAN Relay.

Capítulo 6: LoRaWAN en la Práctica
- ¿Qué es The Things Network (TTN) y cómo contribuye a la adopción de LoRaWAN?
- Describe el proceso de construcción de un gateway LoRaWAN.
- ¿Qué consideraciones son importantes al instalar un Network Server como Chirpstack?

Capítulo 7: Tecnologías y Herramientas del Lado de la Aplicación
- ¿Qué es MQTT y cómo se utiliza en LoRaWAN?
- Describe cómo InfluxDB puede ser utilizado en proyectos LoRaWAN.
- Explica el propósito de Grafana en la visualización de datos de IoT.

Capítulo 8: Casos de Uso
- ¿Cómo se puede aplicar LoRaWAN en el parqueo inteligente?
- Describe un ejemplo de cómo LoRaWAN puede mejorar la agricultura de precisión.
- ¿Cuáles son las aplicaciones de LoRaWAN en la monitorización de la calidad del aire?

Aviso Legal

El contenido presente en este libro, incluyendo pero no limitado a textos, gráficos, imágenes y cualquier otro material, se ofrece únicamente con fines informativos y educativos. Aunque el autor se ha esforzado en presentar la información de manera precisa y actualizada, no se garantiza que el contenido esté exento de errores o sea completamente exacto.

Las marcas y nombres comerciales mencionados en este libro, incluyendo pero no limitado a LoRa, LoRaWAN, Semtech, Chirpstack y Helium, son propiedad de sus respectivos dueños y están protegidos por las leyes de propiedad intelectual y marcas registradas. El uso de estos nombres se realiza únicamente con fines de identificación y no implica de ninguna manera una afiliación o aprobación por parte de los titulares de las marcas.

El material contenido en esta obra se proporciona "tal cual" y sin garantías de ninguna clase, ya sean explícitas o implícitas, incluidas pero no limitadas a garantías de comerciabilidad o idoneidad para un propósito particular. El autor no será responsable de ningún daño directo, indirecto, incidental, consecuente o punitivo que surja del uso de este libro o de la imposibilidad de usarlo.

Cualquier acción que el lector tome sobre la información proporcionada en este libro es estrictamente bajo su propio riesgo. Se recomienda a los lectores consultar a profesionales o expertos en el área antes de tomar decisiones basadas en el contenido de esta obra.

AVISO LEGAL

Glosario

ADR	Adaptive Data Rate
AES	Advanced Encryption Standard
AFA	Adaptive Frequency Agility
AR	Acknowledgement Request
CBC	Cipher Block Chaining
CF	List Channel Frequency List
CMAC	Cipher-based Message Authentication Code
CR	Coding Rate
CRC	Cyclic Redundancy Check
DR	Data Rate
DevEUI	Device EUI
ECB	Electronic Code Book
EIRP	Equivalent Isotropically Radiated Power
ETSI	European Telecommunications Standards Institute
FPort	Frame Port
FSK	Frequency Shift Keying modulation technique
GPRS	General Packet Radio Service
HAL	Hardware Abstraction Layer
IP	Internet Protocol
JoinEUI	Join EUI (previously known as AppEUI)
LBT	Listen Before Talk
LNA	Low Noise Amplifier
LoRa	Long Range modulation technique
LoRaWAN	Long Range Network protocol

GLOSARIO

- **MAC** Medium Access Control
- **MIC** Message Integrity Code
- **OTAA** Over-the-Air Activation
- **RF** Radio Frequency
- **RFU** Reserved for Future Usage
- **RSSI** Received Signal Strength Indicator
- **Rx** Receiver
- **SF** Spreading Factor
- **SNR** Signal Noise Ratio
- **SPI** Serial Peripheral Interface
- **SSL** Secure Socket Layer
- **Tx** Transmitter
- **USB** Universal Serial Bus

Bibliografía

Picocell Gateway User Guide - Semtech, disponible en el Portal de Desarrolladores de Semtech (lora-developers.semtech.com).

From LoRaMAC-Node™ to TTN & myDevices User Guide V1.0 - Semtech, disponible en el Portal de Desarrolladores de Semtech (lora-developers.semtech.com).

Beginning LoRa Radio Networks with Arduino - por Pradeeka Seneviratne. 2019.

LPWAN Technologies for IoT and M2M Applications - por by Bharat S Chaudhari y Marco Zennaro. 2020.

LoRaMote User Guide - Semtech, disponible en el Portal de Desarrolladores de Semtech (lora-developers.semtech.com).

Coexistence of LoRaWAN and UHF RFID - Semtech, disponible en el Portal de Desarrolladores de Semtech (lora-developers.semtech.com).

MCU Memory Management, Security and Allocation - Semtech, disponible en el Portal de Desarrolladores de Semtech (lora-developers.semtech.com).

Understanding the Gateway Join Server - Semtech, disponible en el Portal de Desarrolladores de Semtech (lora-developers.semtech.com).

Building a LoRa®-based Device End-to-End with Arduino - Semtech, disponible en el Portal de Desarrolladores de Semtech

BIBLIOGRAFÍA

(lora-developers.semtech.com).

How to Use LoRa Basics™ Station - Semtech, disponible en el Portal de Desarrolladores de Semtech (lora-developers.semtech.com).

LoRa Edge™ Asset Management Evaluation Kit Quick Start Guide - Semtech, disponible en el Portal de Desarrolladores de Semtech (lora-developers.semtech.com).

Understanding LoRa Basics™ Modem-E - Semtech, disponible en el Portal de Desarrolladores de Semtech (lora-developers.semtech.com).

IPv6 Adaptation Layer - LoRa Alliance, disponible en recursos de la LoRa Alliance (resources.lora-alliance.org).

Carrier Sense Multiple Access (CSMA) - LoRa Alliance, disponible en recursos de la LoRa Alliance (resources.lora-alliance.org).

LoRa Alliance Vendor ID for QR Code - LoRa Alliance, disponible en recursos de la LoRa Alliance (resources.lora-alliance.org).

Multicast D2D Communication - LoRa Alliance, disponible en recursos de la LoRa Alliance (resources.lora-alliance.org).

LoRaWAN® Certification Protocol - LoRa Alliance, disponible en recursos de la LoRa Alliance (resources.lora-alliance.org).

LoRaWAN Regional Parameters v1.0.4 - 2022 - LoRa Alliance, disponible en recursos de la LoRa Alliance (resources.lora-alliance.org).

www.ingramcontent.com/pod-product-compliance
Lightning Source LLC
Chambersburg PA
CBHW052153220526
45471CB00004B/1655